Histoire des trois souhaits et autres contes

Conception graphique : **Double**

La sélection des contes figurant dans la présente édition
a déjà paru aux éditions Stock dans l'ouvrage *Contes*.
Titre original : *Stories for children*
(Farrar, Straus & Giroux, Inc., New York)

Dépôt légal : octobre 2000
ISBN : 2-02-030001-X
N° 30001-1

Isaac
Bashevis
Singer

PRIX NOBEL

Histoire des trois souhaits et autres contes

Traduit
de l'Anglais
par **Marie-Pierre Bay**

Illustrations
de **François Roca**

Seuil

Élie l'esclave

Autrefois, dans un lointain pays, il y avait une grande ville où vivaient des hommes riches, une ville remplie de palais magnifiques, de parcs, de jardins et de larges avenues.

Et puis au milieu, il y avait une toute petite rue, bordée de maisons misérables, des maisons aux fenêtres étroites et dont les toits laissaient passer la pluie. Dans la plus pauvre de toutes vivait un saint homme. Tobias était son nom. Sa femme s'appelait Peninah. Ils avaient cinq enfants, trois fils et deux filles.

Tobias était scribe. Il copiait les rouleaux sacrés. Il gagnait ainsi tout juste de quoi vivre.

Mais, un jour, il tomba malade et perdit l'usage de sa main droite. Bientôt, il n'y eut plus un seul morceau de pain dans la maison. Le garde-manger était complètement vide, au point que les souris n'y venaient plus. Et donc le chat lui-même n'avait plus rien à attraper. Les garçons ne pouvaient plus aller en classe parce qu'ils n'avaient pas de chaussures. Les vêtements de Tobias étaient en lambeaux.

Quand les voisins réalisèrent dans quelle détresse était la famille, ils offrirent leur aide. Mais Tobias refusa en déclarant : « Il y a Dieu et Il nous aidera. »

Un jour, sa femme lui dit : « Si Dieu a l'intention de nous aider, il vaudrait mieux que ce soit tout de suite. Mais quoi qu'Il décide de faire pour nous, rester à la maison n'est pas une solution. Il faut que tu sortes en ville. Même quand on attend un miracle, il est préférable d'accomplir quelque chose. L'homme doit commencer et c'est après que Dieu l'aidera.

– Mais comment pourrais-je me montrer dehors ? Je n'ai pas de vêtements.

– Attends, mon cher mari, je vais m'occuper de cela. »

Peninah alla emprunter chez un voisin un manteau, un chapeau et des souliers. Elle aida Tobias à s'habiller et, une fois prêt, il avait l'air d'un autre homme. « Maintenant, va, lui dit-elle, et que la chance t'accompagne. » Quand il fut parti, elle demanda aux enfants de prier pour que leur père ne revienne pas les mains vides.

Tobias approchait du centre de la ville quand un étranger l'arrêta. Il était grand et avait une barbe blanche. Il portait un long manteau et avait à la main un bâton. « La paix soit avec toi, Tobias », dit-il, en lui tendant la main. Tobias, oubliant qu'il ne pouvait plus remuer la main droite, lui serra la sienne. Et il s'émerveilla de cette guérison miraculeuse.

« Qui ai-je l'honneur de saluer ? demanda-t-il.

– Mon nom est Élie et je suis ton esclave.

– Mon esclave ? dit Tobias stupéfait.

– Oui, ton esclave, envoyé du ciel. Conduis-moi au marché et vends-moi au plus offrant.

– Si tu viens du ciel, c'est moi qui suis ton esclave, répondit Tobias. Comment un esclave pourrait-il vendre son maître ?

– Fais comme je te dis », répliqua Élie.

Comme Élie était un messager de Dieu, Tobias n'avait pas le choix et il obéit.

Sur la place du marché, de nombreux riches marchands se rassemblèrent autour d'eux. Jamais un esclave d'allure si noble et si respectable n'avait été mis en vente.

Le plus riche et le plus hardi des marchands s'adressa à lui :

« Hé, l'esclave, que sais-tu faire ?

– Tout ce que vous voudrez, dit Élie.

– Sais-tu construire un palais ?

– Le plus magnifique qui se puisse voir.

– Plus magnifique que celui du roi ?

– Plus magnifique en vérité, et plus grand.

– Pourquoi le croirions-nous ? » demanda un autre marchand.

Élie sortit alors de son sac des petites bûchettes en bois et construisit un palais miniature. Il le fit si vite et la beauté du palais était telle que les marchands en restèrent bouche ouverte.

« Mais tu saurais en construire un vrai ? demanda le plus riche marchand.

– Un vrai et encore plus beau », dit Élie.

Sentant que cet esclave était doué de pouvoirs surnaturels, les marchands commencèrent tout de suite les enchères.

« Dix mille guldens ! cria l'un.

– Cinquante mille ! cria un autre.

– Cent mille ! » offrit un troisième.

C'est le plus riche des marchands qui offrit le prix le plus élevé – huit cent mille guldens – et il remit l'argent à Tobias.

Se tournant vers Élie, le marchand lui dit :

« Si le vrai palais est aussi beau que tu l'as dit, je ferai de toi un homme libre.

– Très bien », répondit Élie. Et à Tobias il dit : « Rentre chez toi et réjouis-toi avec ta femme et tes enfants. Tes jours de misère sont finis. »

Après avoir loué Dieu et remercié Élie pour ses bontés, Tobias rentra chez lui.

La joie de sa famille fut grande.

Comme toujours, Tobias donna un dixième de son argent aux pauvres. Et bien qu'il fût désormais un homme riche, il décida de reprendre le métier de scribe qu'il aimait tant.

La nuit vint et Élie parla à Dieu :

« Je me suis vendu comme esclave pour sauver ton serviteur Tobias. Je te prie de m'aider maintenant à construire le palais. »

Immédiatement une foule d'anges descendit du ciel. Ils travaillèrent toute la nuit. Quand le soleil se leva, le palais était terminé.

Le riche marchand vint le contempler, empli d'une crainte respectueuse. Jamais regard humain ne s'était posé sur un édifice d'une telle splendeur.

« Voici le palais promis, dit Élie, maintenant il faut tenir parole et me donner ma liberté.

– Vous êtes libre, mon Seigneur », répliqua le marchand en s'inclinant devant le messager de Dieu.

Les anges riaient.

Du haut du septième ciel, Dieu se pencha et sourit.

Les anges déployèrent leurs ailes et avec Élie s'envolèrent vers le ciel.

La cité du péché

QUAND DIEU ORDONNA À ABRAHAM de quitter le pays de Haran, son neveu Lot décida de partir avec lui. Lot était à Haran un avocat réputé pour son habileté, même s'il n'avait guère le sens de la justice. Il conseillait à ses clients de mentir, il produisait des faux témoignages et donnait des pots-de-vin aux juges.

Lot était riche et puissant. Il avait une grande maison, une jolie femme et deux filles pleines de vie, Bechirah et Tsirah. Mais sa femme n'était jamais contente. Elle voulait toujours plus d'or, plus de perles, plus d'esclaves. Elle entendit dire que Sodome était une ville immensément riche, où il y avait beaucoup de criminels qui seraient sûrement heureux d'avoir un bon avocat et elle persuada Lot que c'était là-bas qu'il fallait aller vivre.

Abraham était un saint homme, un serviteur de Dieu, qui ignorait tout de la façon dont se conduisait son neveu. Dieu avait ordonné à Abraham de quitter son pays et il obéissait. Quand Lot lui dit que ce serait une bonne idée de voyager ensemble, en direction de Canaan, qui était proche de Sodome, son oncle accepta tout de suite.

Avant de quitter Haran, Lot vendit sa maison, ses vaches, ses bœufs, ses chevaux, ses ânes et ses chameaux. Il voyagea sur un âne qui appartenait à Abraham, tous les membres de sa famille en firent autant. Le pain qu'ils mangeaient tous était celui d'Abraham, et également les peaux de bêtes dont ils se couvraient la nuit.

Sarah, la femme d'Abraham, dit à son mari :

« Pourquoi Lot se sert-il de nos affaires ? Il n'est pas pauvre.

– Il est le fils de mon frère, répondit Abraham. En outre, nous n'avons pas d'enfant et après notre mort, il sera notre seul héritier. Pourquoi ne disposerait-il pas aujourd'hui de ce qui sera à lui un jour de toute façon ? »

Quand ils approchèrent du pays de Canaan, Dieu dit à Abraham que c'était là qu'il devait s'établir. Mais Lot avait ses idées à lui :

« Mon oncle, je ne veux surtout pas être pour vous un fardeau. J'irai à Sodome. On m'a dit que les avocats étaient très recherchés là-bas et sûrement je pourrai y gagner mon pain.

– Va, et que Dieu te bénisse », répondit Abraham.

Lot partit donc pour Sodome avec sa femme et ses filles. Mais une fois devant les grilles de la ville, ils durent s'arrêter. La loi de Sodome interdisait aux étrangers d'y pénétrer. Les habitants n'avaient même pas le droit de vendre de la nourriture aux voyageurs. Et si très exceptionnellement quelqu'un était autorisé à entrer, il se faisait en général assassiner pendant la nuit. Telle était la coutume dans la cité du péché.

Lot se préparait à faire demi-tour mais sa femme, elle, entreprit de parlementer avec les gardes :

« Mon mari est un avocat très célèbre pour la façon dont il défend les criminels. À Haran, d'où nous venons, il y avait un homme accusé d'avoir assassiné son père et sa mère. Eh bien, grâce à mon mari, il s'en est très bien tiré, on l'a libéré.

– Et comment votre mari a-t-il obtenu sa grâce ? demanda l'un des gardes.

– Il a fait valoir que l'assassin était désormais orphelin et qu'il faut toujours avoir pitié des orphelins. Non seulement son client a été acquitté mais en plus, il a hérité de toute la fortune de ses parents et maintenant il est un des hommes les plus riches de Haran. »

Après avoir écouté cette histoire, les gardes envoyèrent un messager au conseil des Anciens de Sodome. Les Anciens furent très impressionnés par la façon dont Lot avait défendu l'assassin orphelin, à tel point qu'ils l'autorisèrent à s'installer dans la ville et à en devenir un citoyen à part entière.

Lot s'habitua vite aux coutumes de Sodome. Certes, il parlait le dialecte local avec un fort accent, mais à part cela il se conduisait comme s'il avait toujours vécu là.

Sa femme adopta les habitudes du lieu encore plus vite que lui. Un jour, à un mendiant qui venait lui demander du pain, elle répondit :

« Je ne donne que du pain rassis.

– J'ai tellement faim, dit le mendiant, que même du pain rassis fera l'affaire.

– Mais c'est que j'ai cuit une fournée aujourd'hui même. Le pain est donc encore tout frais. Reviens dans quelques jours, le pain sera rassis et alors, je t'en donnerai », dit la femme de Lot qui savait très bien que le mendiant mourrait s'il lui fallait attendre aussi longtemps.

Une autre fois, un colporteur frappa chez elle et lui dit :

« J'ai deux sacs de pommes à vendre. En principe, cela vaut un *shekel* le sac. Mais j'ai grand besoin d'argent et vous pouvez avoir les deux sacs pour le prix d'un seul. Cela vous fera un sac gratuit. »

La femme de Lot s'empara aussitôt d'un des deux sacs mais ne donna rien au colporteur.

« Eh bien, payez-moi, lui dit-il.

– J'ai pris le sac gratuit », répondit-elle. Et quand il essaya de discuter elle lâcha ses chiens sur lui et il dut s'enfuir.

Les voisins, quand ils entendaient raconter ce genre d'histoires, étaient pleins d'admiration pour la femme de Lot. Très vite elle interdit à ses filles de parler l'hébreu ou

l'araméen, la langue de Haran. « À Sodome, conduisez-vous comme si vous y étiez nées », leur enseignait-elle. Elle leur recommandait aussi de ne jamais prononcer le nom de leur grand-oncle Abraham, ni celui de leur grand-tante Sarah. « C'est indigne d'une honorable famille de Sodome de compter parmi ses membres un vieux fou qui croit en Dieu et lui obéit », disait-elle.

Un jour, elle loua les services d'un joueur de tambour afin qu'il circule dans les rues de Sodome et chante les louanges de Lot. Le joueur de tambour se planta au beau milieu de la place du marché et cria : « Mon maître Lot, dans sa sagesse infinie, peut sauver de la prison ou de la peine capitale les voleurs, les assassins, les vandales, les escrocs et les cambrioleurs ! Depuis l'époque du Déluge, personne n'a jamais si bien su défendre les criminels ! »

Le nombre des clients de Lot augmenta aussitôt. Il devint l'un des hommes les plus populaires de la ville et fut nommé président de la Haute Cour de justice de Sodome. Ses filles, Bechirah et Tsirah, épousèrent deux de ses plus brillants assistants.

Une chose toutefois ennuyait Lot : il ne parvenait pas à se débarrasser de son accent étranger et parfois, il s'oubliait jusqu'à se servir d'expressions en hébreu et en araméen. Sa femme et ses filles étaient très gênées que Lot ne réussît pas à cacher ses origines juives. C'était surtout vrai quand il buvait trop. À Sodome, tout le monde buvait beaucoup, et Lot le premier et quand il était ivre, il disait des phrases entières en hébreu et cela couvrait de honte sa famille.

Un jour, un messager arriva avec la nouvelle qu'Abraham de Canaan allait venir en visite à Sodome.

Lot était hors de lui. À Sodome, tous les hommes se rasaient, tandis qu'Abraham avait une longue barbe blanche. Il ne parlait qu'hébreu ou araméen, et pire encore, il n'adorait pas les idoles. Il servait un Dieu qui, prétendait-il, avait créé le ciel et la terre et que personne n'avait jamais vu. Lot savait d'avance que la visite de son oncle ne lui apporterait que honte et déshonneur.

Sa famille était encore plus outrée que lui. Bechirah et Tsirah annoncèrent que si le vieil oncle juif venait chez eux, elles, elles s'en iraient. Mais Lot leur rétorqua : « Comment pourrais-je ne pas le recevoir ? C'est le frère de mon père. En outre, je suis son héritier. Sa femme Sarah est vieille, elle n'aura certainement jamais d'enfant.

– Tu parles de cet héritage depuis des années, dit la femme de Lot. Abraham a près de cent ans. Il est temps qu'il meure.

– Et que veux-tu que je fasse ? Que je le tue ? demanda Lot.

– Pourquoi pas ? répondit sa femme. Si Sarah meurt et qu'il se remarie avec une femme plus jeune, il peut encore avoir un héritier et nous ne toucherons pas un shekel. »

Lot eut beaucoup de mal à persuader son épouse qu'il fallait bien recevoir le vieil homme.

Et Abraham vint à Sodome. En tant que parent de l'illustre Lot, il fut autorisé à entrer dans la ville. Mais voilà qu'il fut une plus grande cause d'embarras que Lot ne l'avait prévu. Sa barbe était plus longue qu'autrefois et il portait un sac et un bâton comme un mendiant. Il était accompagné de deux serviteurs, Gabriel et Raphaël, à l'accoutrement aussi négligé que le sien.

Dès le premier jour, Abraham fit quelque chose qui exaspéra son neveu. Il prit place au milieu de la place du marché et d'une voix chevrotante s'écria :

« Habitants de Sodome, repentez-vous. Cessez de voler, d'escroquer, de tuer ! Renoncez à abuser des étrangers, à déshonorer vos parents et à manger la chair d'animaux encore vivants. Si vous n'abandonnez pas vos manières scélérates, Dieu détruira Sodome ! »

En entendant ces paroles, les passants se mirent à rire et à se moquer d'Abraham :

« Et qui est-il donc, ton Dieu ? demanda quelqu'un.

– Le Dieu qui a créé le ciel et la terre, répondit Abraham, un Dieu qui hait le sang versé, le mensonge, la cruauté et l'injustice.

– Et il est en quoi, ton Dieu ? En pierre, en or, en ivoire, en cuivre ?

– Ni en pierre, ni en or, ni en cuivre, ni en ivoire. Personne ne l'a sculpté ni taillé, répondit Abraham. On ne peut pas le voir, il a créé les océans, les montagnes, les déserts, les hommes et les animaux. Il est miséricordieux et fournit ce dont il a besoin à chaque être vivant.

– Pourquoi Lot a-t-il donc permis à son vieux fou d'oncle de venir ici ? » demanda l'un des spectateurs. Un autre se mit à jeter des crottes d'âne sur Abraham et ses deux compagnons.

« Voilà ce qui arrive quand on laisse des étrangers s'installer chez nous, se plaignit un troisième. Tôt ou tard, ils en amènent d'autres avec eux.

– On devrait le déporter, cria un homme dans la foule.

– Ne vous donnez pas cette peine, répondit Abraham, je ne veux pas rester. Mais pour la dernière fois je vous mets en garde : repentez-vous ! »

Personne ne manifesta le moindre signe de repentir cependant.

Ce soir-là, chez Lot, Abraham répéta sa mise en garde :

« Sodome sera détruite, dit-il à son neveu. Si tu veux rester en vie, lève-toi à l'aube, prends ta famille avec toi et quitte la ville. Peu après le lever du soleil, il ne restera plus de Sodome que cendres et soufre.

– Le vieux est fou ! » hurla la femme de Lot, incapable de contenir sa colère plus longtemps.

Lot avait ordonné à ses serviteurs de préparer un festin pour Abraham et ses compagnons. Ils avaient fait rôtir un porcelet, cuit du bœuf à l'étouffée dans son sang et un agneau dans le lait de sa mère. Tels étaient les plats favoris des habitants de Sodome. Mais Abraham, Gabriel et Raphaël refusèrent de manger, en disant que pareille nourriture était une abomination devant l'Éternel. Abraham demanda qu'on veuille bien lui préparer un peu de pain non levé.

La femme de Lot avait honte devant ses esclaves. Bechirah et Tsirah se sentaient ridiculisées aux yeux de leurs maris.

Devant la maison de Lot, une foule s'était rassemblée. Les gens commencèrent à jeter des pierres dans les fenêtres en criant qu'on leur livre donc Abraham et ses compagnons qu'ils avaient envie de torturer pour s'amuser un peu, comme c'était la coutume à Sodome. Lot eut la plus grande peine à les persuader de s'en aller.

Il était très tard quand Lot et sa femme allèrent se coucher mais Abraham et ses compagnons restèrent à veiller. Lot, qui n'arrivait pas à s'endormir, entendit Abraham demander à son Dieu :

« Vas-tu vraiment détruire le juste avec le coupable ? Peut-être y a-t-il cinquante justes dans la ville ! La détruiras-tu quand même, au lieu de lui pardonner à cause des cinquante justes qui s'y trouvent ?

» Une telle conduite serait loin de toi... Le juge de toute la terre n'appliquerait-il pas le droit ?

» Peut-être sur cinquante justes en manquera-t-il cinq... Pour cinq détruiras-tu toute la ville ?

» Peut-être s'en trouvera-t-il quarante ?

» Peut-être s'en trouvera-t-il trente ?

» Peut-être s'en trouvera-t-il vingt ?

» Peut-être s'en trouvera-t-il dix ? »

La femme de Lot s'éveilla. « Le vieux n'a plus toute sa tête, dit-elle à Lot. Si tu ne te débarrasses pas de lui demain, moi je te quitte et la cour t'obligera à me verser la totalité de ta fortune. Tu seras obligé de me payer mille shekels par semaine, sinon tu iras en prison.

– Je te supplie de te tenir tranquille, implora Lot. Est-ce ma faute si j'ai un vieil oncle idiot ?

– Ce n'est certainement pas la mienne, ni celle de tes filles et de tes gendres, siffla sa femme. Nous ne pourrons même plus nous montrer dans les rues. Déjà, on nous traite d'"Hébreux". À la moindre discussion, on nous crie "sales Hébreux" et on nous dit de retourner chez nous. »

Lot et sa femme finirent par s'assoupir. La nuit était chaude. Un vent brûlant venait du désert, portant avec lui un sable fin qui s'infiltrait par les fentes des volets. Les chacals hurlaient dans le lointain.

À l'aube, quand Lot se leva et alla regarder à la fenêtre, il eut peur. Le ciel était d'un rouge inhabituel. L'air était lourd et chargé d'odeurs de soufre et de cendres. Le soleil levant avait la couleur du sang.

Lot dit à sa femme :

« Qui sait ? Peut-être mon oncle Abraham a-t-il raison et une catastrophe est-elle sur le point de se produire. Quelquefois les fous ont un sixième sens.

– Qu'allons-nous faire ?

– Quittons la ville, vite, dit Lot. Ce sera déjà une bonne précaution. Nous accompagnerons le vieux un moment sur la route, puis nous reviendrons. »

Sa femme n'était pas d'accord :

« Si les voisins nous voient partir, ils croiront que nous avons pris au sérieux les menaces du vieux en ce qui concerne la destruction de la ville. Ils nous accuseront de croire au Dieu d'Abraham et si les Anciens entendent cela, ils nous obligeront à partir pour de bon.

– Nous pouvons toujours prétendre que nous allons faire un pique-nique, dit Lot. Emportons un panier de provisions et de boissons avec nous. »

La femme de Lot et ses filles finirent par se laisser persuader, mais les gendres ne voulurent absolument pas entendre parler d'un pique-nique. Ils se disaient tout bas qu'il était grand temps pour eux de se débarrasser de leur beau-père et de toute sa famille.

Après beaucoup de discussions, Lot chargea un âne d'un grand couffin rempli de viande de porc et de cruches de vin. Sa femme ne verrouilla pas la porte car à Sodome, les verrous ne servaient pas à grand-chose. Les enfants apprenaient à les crocheter à l'école. Seule leur admiration pour Lot avait jusque-là empêché les voleurs de cambrioler la maison de leur avocat bien-aimé.

Le soleil avait disparu. Le ciel était chargé de nuages jaunâtres. L'atmosphère devenait de plus en plus lourde et l'odeur de soufre et de cendres de plus en plus forte. Des vols de corbeaux tournoyaient en croassant. Des vautours apparurent. Les ânes et les chameaux s'agitaient dans les écuries. Les bœufs mugissaient. Les chiens aboyaient. Les chats miaulaient. Le sol brûlait les pieds des gens. Les animaux commencèrent à quitter la ville, même les souris et les rats s'enfuirent de Sodome en longues files.

Les habitants de la ville coururent se prosterner dans les

temples devant leurs idoles de terre cuite, de pierre, d'argent et d'or. Ils leur promirent des sacrifices d'animaux et aussi des sacrifices humains pour apaiser ce qu'ils croyaient être la colère des dieux.

Abraham, ses compagnons, Lot et sa famille avaient à peine franchi les portes de Sodome et pris la direction de Zoar qu'une boule de feu descendit du ciel et s'abattit sur la ville, la transformant instantanément en un enfer de fumée et de flammes. Abraham cria à Lot et aux siens : « Ne vous retournez pas ! Courez aussi vite que vous pouvez !

– Ma maison ! Mes meubles ! Mes vêtements ! Mes tapis ! Mes fourrures ! Mes bijoux ! » gémit la femme de Lot. Et elle se retourna, peut-être parce qu'elle se demandait si elle ne devrait pas revenir en arrière. Au même instant, elle fut transformée en pilier de sel.

« Malheur, malheur, voyez ce qui est arrivé à notre mère ! » hurlèrent les filles de Lot. Lot essaya de saisir sa femme par le bras et quand il vit qu'elle ne bougeait pas, il porta à sa bouche la main qui l'avait touchée et avec horreur s'écria : « Du sel ! Ma femme est devenue du sel ! »

Cependant Abraham les pressait d'avancer et ce n'est que lorsqu'ils eurent parcouru une bonne distance qu'il les autorisa à s'arrêter et à regarder en arrière. Ce qui si peu de temps auparavant avait été une cité animée n'était désormais plus qu'un tas de cendres fumantes.

« Lot, dit Abraham, apprends que mes compagnons Gabriel et Raphaël sont des anges. Maintenant que tu vois la vérité, repens-toi et tourne-toi vers Dieu.

– Quelle vérité ? Je ne crois ni en Dieu ni aux anges, dit Lot.

– Mais tu vois ce qui est arrivé à Sodome, insista Abraham.

– Le volcan est entré en éruption, cela n'a rien à voir ni avec ton Dieu ni avec ses anges. »

Se tournant vers les anges, Abraham leur dit :

« Il demeurera le même jusqu'à sa mort. Continuons notre route.

– Oncle Abraham, dit Lot, voulez-vous me donner d'abord ma part d'héritage ? Vous allez bientôt mourir et il ne me reste rien.

– Je ne peux pas te donner ta part d'héritage, répondit Abraham, car ma femme Sarah doit donner naissance à un fils. Les anges me l'ont promis. N'est-ce pas, Gabriel et Raphaël ?

– Oui, c'est vrai, Sarah, ta femme, aura un fils.

– Êtes-vous en train de me dire que Sarah, toute vieille qu'elle est, va avoir un fils ? » demanda Lot, stupéfait, puis il se mit à rire et ses filles rirent avec lui.

« Pourquoi ris-tu, Lot ? dit Gabriel. Y a-t-il une chose trop prodigieuse pour le Seigneur ?

– Sottises, superstitions, dit Lot. Allez raconter vos contes de fées aux idiots de Canaan, pas à moi. Je suis bien trop intelligent pour croire à ces sottises. »

Abraham et les anges se remirent en route, laissant Lot et ses filles à leur sort.

« Père, qu'allons-nous faire maintenant ? demandèrent les filles.

–J'ai perdu ma femme et vous avez perdu vos maris, répondit Lot, mais il nous reste du vin. » Ils débouchèrent les cruches de vin et furent bientôt complètement ivres.

Au bout d'un certain temps, ils trouvèrent une caverne où ils décidèrent de s'installer. À part défendre les criminels, Lot ne savait rien faire. Ses filles, qui avaient été tellement gâtées et qui passaient leur temps à manger, boire, donner des ordres aux esclaves, se moquer des pauvres, des malades et des malheureux, vivaient désormais dans la saleté et le péché.

Sodome, la cité de tous les vices, ne fut jamais reconstruite. Sur ses décombres déserts, même les animaux sauvages n'osaient s'aventurer.

Plus tard, Lot se réinstalla dans une autre ville corrompue et redevint le protecteur des assassins, des voleurs et des escrocs. Il ne revit plus Abraham mais cela lui était bien égal car des marchands ambulants lui apportèrent la nouvelle, ce que les anges avaient prédit était vrai : il n'aurait pas d'héritage.

Abraham ne revint jamais rendre visite à son neveu impie, Lot, ni à ses filles débauchées. Sarah donna à Abraham un fils, exactement comme les anges l'avaient prédit.

On le nomma Isaac. À son tour il eut un fils, nommé Jacob, et c'est de lui que sont issues les douze tribus d'Israël.

Joseph et Koza

C'EST ARRIVÉ IL Y A LONGTEMPS, longtemps, dans ce qui est aujourd'hui la Pologne. Le pays était recouvert d'épaisses forêts et de marécages. Les habitants y étaient divisés en tribus qui se livraient entre elles des guerres sanglantes. On se battait avec des arcs, des flèches, des épées et des lances car, à cette époque, les fusils n'existaient pas.

Les routes étaient dangereuses. Des bandits y guettaient les marchands pour les voler et les tuer. Souvent les voyageurs étaient attaqués par des loups, des ours, des sangliers et autres bêtes sauvages. Et il y avait aussi les nombreux magiciens et sorcières qui avaient juré fidélité à Baba Yaga, la terrible sorcière et diablesse, et aux puissances du Mal. Dans toute la Pologne, personne ne savait ni lire ni écrire. On adorait des idoles de pierre, de terre et de bois, auxquelles on offrait des animaux en sacrifice et aussi des êtres humains.

La plus puissante tribu de Pologne habitait la Mazovie, un vaste territoire proche de la Vistule. La Mazovie était gouvernée par un chef nommé Wilk, dont la femme s'appelait Wilkova. Wilk était grand, il avait le visage rouge et les cheveux couleur de lin. Les pointes de sa moustache retombaient à la hauteur de ses épaules. Les chefs des autres tribus avaient des couronnes en or, ou en argent, incrustées de pierres précieuses, mais celle de Wilk était une simple gourde avec des trous dans lesquels il fichait des bougies qu'il allumait pour les cérémonies.

À sa cour, Wilk avait une sorcière et astrologue nommée Zla et il ne prenait jamais une décision sans la consulter. On disait que Zla était capable de faire des miracles. Elle se déplaçait dans une voiture tirée par des loups et brandissait un serpent vivant en guise de fouet.

Une fois par an, la coutume voulait chez les Mazoviens qu'on sacrifie la plus belle des vierges à la Vistule. La foule se rassemblait sur la rive du fleuve. On buvait du vin, de la bière et de l'hydromel, on tuait des cochons de lait qu'on faisait rôtir, on chantait et on dansait toute la journée. Vers le soir, quand le soleil s'apprêtait à disparaître à l'horizon, on amenait la jeune vierge. On la conduisait au sommet d'une haute falaise dominant la Vistule et on la jetait dans les flots. Les Mazoviens croyaient que ce sacrifice apaiserait les esprits mauvais des eaux.

C'était Zla la sorcière qui chaque année choisissait la plus belle jeune fille du pays. D'abord elle lisait dans les étoiles, ensuite elle consultait le diable. Personne, jamais, ne disputait le choix de Zla.

Wilk avait sept fils mais une seule fille, Koza. Koza avait les cheveux blond doré et les yeux bleus. Le chef et sa femme l'aimaient plus que tout au monde. Quand Koza eut dix-sept ans et que le temps fut venu pour elle de se marier, plusieurs fils de rois se rendirent en Mazovie pour lui faire la cour. Ils rivalisaient en exploits sensationnels pour tenter d'obtenir sa main. L'un d'eux éventra un loup de ses mains nues. Un autre étrangla un bœuf. Un troisième déracina un arbre. Finalement, ils se battirent entre eux à l'épée. Ils étaient aussi cruels à l'égard les uns des autres qu'ils l'avaient été envers les animaux.

Koza était bien obligée d'assister à ces sauvages tournois, mais aucun des jeunes princes ne lui plaisait. Elle était de nature douce et bonne et détestait voir le sang versé.

Chaque année, le premier soir du mois de Kwiecien (qui correspond plus ou moins à notre mois d'avril), Zla la sorcière étudiait les étoiles pour déterminer qui était la plus jolie jeune fille de Mazovie. Ce printemps-là, tandis qu'elle scrutait le ciel au long de cette fameuse nuit, elle se mit brusquement à gémir tout haut. C'était le nom de Koza qu'elle avait lu dans les étoiles.

Quand Wilk apprit qu'il devrait sacrifier sa fille, il fut complètement bouleversé. Sa femme s'évanouit. Koza, pour sa part, tenta de réconforter ses parents. Elle dit à son père :

« Si en donnant ma vie à la Vistule, j'apaise les esprits mauvais et sers mon peuple, je serai heureuse de le faire. »

La cérémonie du sacrifice avait toujours lieu au début de l'été, le premier jour du mois de Lipiec, notre mois de juillet. Pendant les quatre-vingt-dix jours d'attente, la jeune vierge vivait dans une vaste tente qu'on installait dans un verger près du fleuve. Les jeunes femmes de la cour vinrent tenir compagnie à Koza. Elles dansaient et chantaient pour elle, lui tressaient des guirlandes de fleurs et lui apportaient des cadeaux pour adoucir sa longue attente.

Un jour, un voyageur se présenta à la grille du palais de Wilk. Il était grand, il avait une barbe noire, de longs cheveux noirs et les yeux noirs. Il portait un gros sac sur son dos et tenait sous le bras un parchemin roulé. Les Mazoviens qui n'avaient jamais vu de parchemin auparavant le contemplèrent avec stupéfaction. L'étranger dit aux gardes qu'il était venu pour rencontrer le grand chef Wilk.

« Qui êtes-vous ? D'où venez-vous ? lui demanda-t-on.

– De Jérusalem. »

Les gardes allèrent prévenir Wilk qui ordonna qu'on lui amène l'étranger.

« Quel est ton nom ? lui dit-il.

– Joseph.

– Joseph ? Je n'ai jamais entendu ce nom-là. Qui es-tu ? Et que veux-tu ? »

Joseph répondit :

– Je suis Juif et je viens de la ville de Jérusalem. Je suis orfèvre de métier. Je fais des bracelets, des broches, des bagues. J'arrive de Cracovie où j'ai ciselé une couronne ornée de cornes d'or pour le roi. J'ai passé près d'un an dans son palais et j'y ai appris votre langue.

– Que tiens-tu donc sous le bras ? demanda Wilk.

– Un rouleau sacré.

– Qu'est-ce que c'est ?

– Sur celui-ci sont inscrits les commandements de Dieu.

– Les commandements de quel dieu ? Et en quoi est-il fait, ton dieu ? En os, en bois, en pierre, en cuivre ?

– Mon Dieu ne peut être représenté par la main de l'homme, répondit Joseph. Il a toujours existé. Il est le créateur de la terre, du ciel, de la mer, de tout ce qui vit, hommes et animaux. Il y a longtemps, longtemps, il s'est révélé à Moïse, sur le mont Sinaï, et lui a donné ses commandements. »

Wilk ne comprenait rien au discours du voyageur. Finalement, il dit à Joseph :

« Je te commanderais bien une couronne comme celle que tu as faite pour le roi de Cracovie, mais cette année est pour moi un long deuil. Reviens l'année prochaine.

– Pourquoi êtes-vous en deuil ? demanda Joseph.

– Dans soixante jours, ma fille Koza doit être jetée en sacrifice dans la Vistule.

– Le Dieu d'Israël interdit les sacrifices humains ! protesta Joseph.

– Comment est-ce possible ? demanda Wilk. Si nous n'offrons pas au fleuve la plus belle de nos vierges, les puissances du mal veilleront à ce que nous n'ayons plus ni pluie ni soleil, si bien qu'il n'y aura pas de récoltes. Si le sacrifice n'a pas lieu, la Vistule débordera. Il fera froid en plein été et nos champs resteront stériles.

– Sottises ! s'exclama Joseph. C'est Dieu qui fait pousser le blé. Dieu n'exige pas qu'on noie une jeune fille. C'est un crime ! »

Wilk médita un moment les paroles de Joseph, puis il dit :

« C'est vrai que je gouverne mon peuple, mais que j'ignore à peu près tout de ce genre de choses. La personne la plus sage du pays est Zla la sorcière. Je vais ordonner à mes serviteurs de te donner de quoi manger et de t'installer une tente pour y passer la nuit. Demain tu parleras avec Zla. Mais souviens-toi, elle lit dans les étoiles et sert Baba Yaga et les autres puissances du mal. Si tu la mettais en colère, elle pourrait te faire disparaître ou te transformer en hérisson, en rat ou en grenouille. Nous la redoutons tous, car le Diable et l'enfer sont les sources de sa puissance.

– Moi, je ne la redoute pas, répliqua Joseph. La parole de Dieu est plus forte que toutes les sorcières et tous les diables. »

Quand les ministres et les conseillers de Wilk apprirent l'arrivée de Joseph et tout ce qu'il avait dit, le trouble et la peur se répandirent parmi eux. Certains soutenaient que l'étranger était un messager du Mal et qu'on devait l'exécuter tout de suite. D'autres étaient d'avis qu'il fallait le mettre à l'épreuve. Après de longues discussions, il fut décidé qu'un débat aurait lieu entre Joseph et Zla en présence de toute la cour, réunie sous la présidence de Wilk lui-même. Joseph accepta tout de suite. Mais Zla commença par protester qu'il était au-dessous de sa dignité de discuter avec un inconnu. Sur quoi Wilk lui donna l'ordre de venir.

Le débat fut très animé et dura du matin jusqu'au soir. Zla nia l'existence d'un Dieu unique et souligna le caractère vengeur des esprits de la Vistule, particulièrement Topiel, dont le palais était situé dans le lit du fleuve. Elle affirma que les vierges sacrifiées ne mouraient pas vraiment, elles devenaient les épouses ou les concubines de Topiel. Elles dansaient, chantaient et jouaient de la musique pour le distraire. Comme preuve de la puissance de Topiel, elle raconta comment, au moment du solstice d'hiver et du solstice d'été, Baba Yaga elle-même venait rendre visite au roi du fleuve. Elle arrivait en volant dans un immense mortier dont elle tenait le pilon – de la taille d'un sapin – dans la main droite tandis que de l'autre elle brandissait un gigantesque balai avec lequel elle balayait la lumière du monde. Qui oserait s'opposer à une puissance pareille ?

Zla prononça une solennelle mise en garde : si Koza n'était pas jetée à la rivière le premier jour du mois de Lipiec, il y aurait une tempête, une inondation, du tonnerre et des éclairs comme on n'en avait jamais vu. Des grêlons gros comme des rochers détruiraient les récoltes. Et si un seul grain résistait à l'orage, il serait ensuite dévoré par des vers, des chenilles et des souris des champs.

Joseph déroula le parchemin qu'il avait apporté avec lui. Il expliqua ce qui y était écrit dans la langue de son pays :

« Dieu a créé le monde en six jours. Dieu n'exige pas de sacrifices humains. Il apprend à l'homme qu'il ne faut pas tuer, ni voler, ni porter de faux témoignages, mais qu'il faut honorer son père et sa mère, être juste et aider ceux qui sont dans le besoin. » Se tournant vers Zla, il dit : « Peu importe que les diables soient puissants ou non, c'est Dieu qui gouverne le monde, pas eux. Et les jeunes filles que vous jetez dans la Vistule se noient et leur corps se décompose sous l'eau. Aucun démon ne peut les maintenir en vie. La Vistule n'est pas profonde, regardez attentivement et vous y verrez leurs os. »

Le soleil continuait sa course vers l'ouest, mais le débat durait toujours. Les sujets de Wilk étaient divisés en deux camps : les plus âgés se rangeaient du côté de Zla et les plus jeunes avec Joseph. Quand Joseph comprit que ses arguments ne convaincraient pas tout le monde, il dit :

« Mes seigneurs, je peux vous prouver que la vérité est de mon côté.

– Et comment ? demanda Wilk.

– Le grain est récolté pendant le mois de Sierpien. Attendez jusqu'à la fin de Sierpien pour sacrifier la jeune fille. Si les catastrophes annoncées par Zla se produisent, vous jetterez Koza dans la Vistule et j'accepterai volontiers la mort de votre main, parce que je vous aurai induits en erreur. Mais si les catastrophes ne se produisent pas, vous aurez la preuve que j'ai raison et que les paroles que je vous ai lues sont celles du vrai Dieu. »

En entendant cela, Zla entra dans une terrible rage et menaça la Mazovie de cataclysmes encore plus grands.

Mais Wilk leva son sceptre qui était fait d'ambre et déclara : « Il en sera comme Joseph a dit. Le sacrifice de Koza est remis à la fin du mois de Sierpien. Jusque-là, Joseph sera enfermé dans la prison. »

C'était la loi que lorsque le chef levait son sceptre et parlait, nul ne pouvait plus se prévaloir contre lui. Tous restèrent silencieux. Seule Zla ne put se contenir et elle hurla : « À la fin du mois de Sierpien, la Mazovie sera un désert ! »

La princesse Koza et ses dames d'honneur n'avaient pas assisté au débat mais elles apprirent bientôt ce qui s'y était passé. Koza était prête à donner sa vie mais tout de même, au fond de son cœur, elle avait peur. Elle n'avait ni envie de mourir ni envie de devenir une des concubines de Topiel et de vivre dans son palais au fond des eaux. Quand on lui répéta les paroles de Joseph, elle fut pleine de gratitude et d'amour pour lui. Elle pria les dieux de Mazovie pour qu'il ait dit la vérité. Les dames d'honneur prièrent avec elles.

Et les jours se succédèrent, calmes et ensoleillés. Le ciel était bleu. Il plut plusieurs fois mais il n'y avait pas la moindre inondation. Chaque fois que les nuages apparaissaient, Zla affirmait que c'était le début de la grande tempête, mais la pluie s'arrêtait vite et le ciel s'éclaircissait à nouveau.

Le mois de Sierpien, notre mois d'août, approchait et les champs de blé de Mazovie devenaient couleur d'or. Les paysans commençaient déjà la moisson. Ils respectaient les anciens rites pour s'assurer une bonne récolte. Chaque village avait son coq en bois, décoré d'épis verts de froment et d'orge et de jeunes branches d'arbres fruitiers. Les jeunes paysannes dansaient autour du coq en l'aspergeant d'eau à travers un tamis. Les Mazoviens croyaient qu'outre Baba Yaga, il y avait quantité d'autres babas moins importantes, ainsi que des petits démons nommés *dziads*, qui vivaient dans les sillons des champs et qui risquaient de provoquer de terribles catastrophes si on ne les exorcisait pas au cours de cérémonies spéciales.

Bien que le délai fixé par Joseph fût presque atteint, Zla ne renonçait pas. Elle continuait à prophétiser qu'avant la fin de Sierpien la Vistule déborderait. Elle disait que le jour deviendrait sombre comme la nuit et que des forêts surgiraient des *babuks*, démons chevauchant des vipères, qui détruiraient les greniers à blé, les cabanes des paysans, les meules de foin et les granges. Topiel lui-même, le visage rouge, la barbe blanche, avec ses ailes d'aigle et ses pattes d'ours, surgirait de la Vistule. Il étranglerait les enfants et égorgerait le bétail. Le fleuve déborderait et inonderait toute la plaine.

Le vingtième jour du mois de Sierpien, Koza demanda à être conduite devant son père. Elle le supplia de lui permettre de rendre visite à Joseph dans sa prison. Wilk accepta et ordonna à deux dames de la cour de l'accompagner. Quand Koza pénétra dans la cellule de Joseph, elle le trouva en train d'écrire sur un parchemin avec une plume d'oie. Koza n'avait jamais vu ni parchemin, ni encre, ni plume. Elle s'agenouilla devant Joseph et les deux femmes s'agenouillèrent près d'elle. « Joseph, dit-elle, tu es le plus grand des dieux. » Elle se mit à pleurer et embrassa ses sandales.

Joseph la releva.

« Je ne suis pas un dieu. Il n'existe pas "des dieux". Il y a le Dieu unique qui nous a tous créés, dit-il.

– As-tu une femme ? demanda Koza.

– Non, Koza, je ne suis pas marié.

– Alors, je désire être ta femme.

– Si c'est la destinée, il en sera ainsi », répondit Joseph.

Il sortit de son sac trois bracelets d'or. L'un était incrusté de l'étoile de David. Il le passa au poignet de Koza et offrit aux deux dames les deux autres.

Comme il était convaincu que Koza ne serait pas jetée dans le fleuve et que donc Wilk n'aurait pas de raison de porter le deuil, Joseph avait passé tout son temps en prison à ciseler une couronne d'or pour le maître de la Mazovie. Comme les Mazoviens n'avaient pas d'alphabet à eux, il avait gravé dessus le nom de Wilk en lettres hébraïques et aussi la silhouette d'un loup, car c'est le sens du mot *wilk*.

L'excitation devint générale en Mazovie tandis qu'approchait la fin du mois de Sierpien. Ceux qui ne croyaient plus aux prophéties de Zla – surtout les jeunes – chantaient, dansaient et avaient confiance en la victoire finale de Joseph. La récolte, particulièrement abondante cette année-là, avait été faite. Les femmes commençaient à moudre le grain. Comme toujours, après la moisson, les soirées étaient consacrées aux fêtes et aux jeux. On se posait des devinettes. On se racontait des histoires. La coutume voulait que la jeune fille qui avait moissonné le dernier sillon devienne une baba. Elle se noircissait le visage avec de la suie, tressait des ronces dans ses cheveux et brandissait un balai comme une sorcière. Un des garçons faisait le coq. Il s'attachait des ailes aux épaules, se plantait un peigne dans les cheveux et se fixait des éperons aux pieds. Il caquetait et battait des ailes et faisait semblant d'attaquer la jeune fille qui caquetait à son tour et essayait de lui arracher des plumes. Plus tard, les moissonneurs allumaient un énorme feu où ils faisaient rôtir des côtes de porc et des châtaignes. Ils buvaient de l'hydromel et de la bière. Les nuits étaient aussi sombres que les jours étaient clairs et on voyait souvent passer des étoiles filantes. Les grenouilles coassaient avec des voix humaines. Malgré la prophétie de Zla, comme quoi les esprits mauvais de la Vistule surgiraient brusquement et provoqueraient des catastrophes, les jeunes allaient se baigner le soir dans le fleuve.

Les gens plus âgés qui croyaient encore à ce que disait Zla faisaient remarquer que Sierpien n'était pas fini. Ils étaient sûrs que le cataclysme allait se produire. Beaucoup d'entre eux quittèrent la vallée pour aller camper au sommet des collines afin d'être épargnés par le déluge. Certains insistaient qu'il n'était pas trop tard pour choisir une autre vierge et la jeter dans la Vistule.

Zla continuait à accabler Joseph de malédictions. Elle annonçait que le dernier jour de Sierpien, le soleil s'éteindrait, la lune tomberait du ciel, les arbres se flétriraient et tout ce qui était vivant périrait. Les eaux de la Vistule deviendraient jaunes et brûlantes comme du soufre en fusion et recouvriraient toute la terre.

Le denier jour de Sierpien arriva et ce fut le plus beau de tous. Aucun nuage ne passait dans le bleu du ciel. Les oiseaux ne s'arrêtaient pas de chanter. L'air était doux comme du miel. Et pourtant, jusqu'à la nuit tombée, Zla resta persuadée que l'inondation se produirait. Quand le soleil doré se coucha derrière la Vistule, elle s'arracha les cheveux, gémit, hurla et se mit à tournoyer dans tous les sens comme une folle, mais la fin du monde n'arriva pas. À travers toute la Mazovie se répandirent les nouvelles de la victoire de Joseph et de son prochain mariage avec Koza. Zla se sentait si humiliée qu'elle alla se cacher au fond d'une caverne.

Maintenant que la preuve était faite que Joseph avait raison, on lui rendit sa liberté et Wilk se prépara à lui donner sa fille. Mais il restait de nombreux obstacles. Quelques-uns des courtisans les plus âgés et leurs femmes soutenaient encore Zla, et la sorcière, de sa caverne, fit répandre le bruit que Joseph était un magicien qui apporterait le malheur au pays tout entier. En outre, Joseph avait d'étranges habitudes que les Mazoviens ne pouvaient pas comprendre. Il refusait de manger du porc. Quand il priait, il s'enveloppait dans un châle rayé noir et blanc, bordé de franges et il tournait son visage vers l'est. À l'entrée de sa hutte, il avait attaché un fragment de parchemin qu'il appelait *mezouza* et sur lequel étaient inscrits certains passages de la Bible. Le jour du shabbat – c'est-à-dire le temps de repos imposé par la loi juive du vendredi soir au samedi soir –, il n'allumait pas de feu et ne travaillait pas. Il refusait en outre de s'incliner devant les idoles de Mazovie – et il n'aimait pas la chasse.

Le chef Wilk finit assez vite par comprendre que si Joseph restait en Mazovie, il y aurait bientôt une révolte.

Il essaya donc de persuader sa fille que l'étranger n'était pas le mari qu'il lui fallait. Mais Koza qui avait toujours obéi à son père se montra soudain obstinée. Elle tomba à ses pieds et dit : « Je n'aimerai jamais personne d'autre que Joseph. Si je ne peux pas être sa femme, je me jetterai dans le fleuve et la Vistule aura ainsi sa vierge en sacrifice quand même.

– Mais Joseph ne peut pas rester en Mazovie, dit Wilk. À cause de lui, le peuple est divisé. S'il reste, tous en souffriront.

– Alors j'irai avec lui à Jérusalem », dit Koza.

Wilk réunit ses conseillers et leur demanda leur avis. Beaucoup avaient pour opinion que l'amour d'une jeune femme doit être respecté. D'autres avançaient que ce serait une insulte à l'honneur du chef que de donner sa fille en mariage à un étranger qui refusait d'adorer les dieux de Mazovie. Zla, qui ne renonçait pas facilement, envoya un message jusque dans la salle du conseil annonçant que les étoiles étaient opposées au mariage. Mais la foi dans le langage des étoiles et dans les prophéties de Zla n'était plus aussi forte qu'avant. Les parents dont les filles avaient été sacrifiées à la Vistule accusaient maintenant Zla d'être une meurtrière qui avait envoyé à la mort les plus belles vierges de Mazovie.

Quand Zla apprit que Wilk avait donné son consentement au mariage de Joseph et de Koza en dépit de ses menaces et de ses mises en garde, elle décida de faire un ultime effort pour tout gâcher. Il y avait des pouvoirs magiques auxquels elle pouvait faire appel tout de suite. Si elle échouait, sa puissance serait détruite à jamais. D'abord elle jeûna trois jours et trois nuits. Puis elle alluma sept bougies faites de graisse humaine. Après quoi, elle coupa ses longues mèches et ses grands ongles griffus. Elle mélangea le tout à de la pâte, qu'elle brûla devant une image représentant Baba Yaga, tout en invoquant les puissances du Mal.

La quatrième nuit, elle s'enfonça dans une épaisse forêt et, ayant recours à ses plus redoutables incantations, elle appela Baba Yaga et sa suite de diables.

La nuit était chaude et sombre. Soudain un grand vent se leva et une lueur rouge apparut. Baba Yaga arriva dans son mortier, son pilon d'une main et son balai de l'autre. Elle avait le visage noirci à la poix et des flammes s'échappaient des narines épatées de son gros nez rouge. Ses yeux luisaient comme des braises. À la place de cheveux, des ronces poussaient sur son crâne et bien que ce fût une femme elle avait une barbe. Ses compagnons chevauchaient des balais, des cannes, des manches de pelle. Même Topiel, roi de la Vistule, apparut, écumant de colère. Les animaux de la forêt, terrorisés par ces apparitions, poussèrent d'horribles cris et se cachèrent dans des fossés et des troncs creux.

Zla s'inclina sept fois devant Baba Yaga. « Puissante Baba ! Comme vous le savez déjà, un homme est arrivé de la lointaine ville de Jérusalem et son nom est Joseph. Avec des mots pleins de ruse, il a conquis le cœur du chef Wilk et gagné l'amour de Koza. À cause de lui, il n'y a pas eu de sacrifice à la Vistule cette année. Maintenant il est sur le point d'épouser Koza. Si ce mariage a lieu, cela signifiera que nous qui vous adorons aurons perdu notre droit de décider de la destinée humaine. Je vous implore donc de ne pas laisser ce mariage se faire.

– Il n'y aura pas de mariage, rugit Baba Yaga d'une voix aussi éraillée que le bruit d'une scie. Je les balaierai tous avec mon balai et les écraserai de mon pilon !

– Il n'y aura pas de mariage ! gronda Topiel. Je les noierai tous dans mes eaux !

– Il n'y aura pas de mariage », firent chorus les démons, lutins, diablotins, elfes et diables, chacun d'une voix perçante.

Cette nuit-là, Zla alla au lit persuadée que les esprits du mal finiraient malgré tout par triompher. Ils n'avaient pas réussi à détruire les récoltes ni à provoquer l'inondation, mais ils seraient sûrement capables d'empêcher un mariage. Toutefois, Zla ignorait que Joseph possédait les pouvoirs sacrés d'un devin et savait voir les choses même à grande distance. Il savait que Zla avait convoqué les forces du mal. Il savait aussi comment les vaincre. Il pria Dieu et sa prière fut entendue. Le jour du mariage, Baba Yaga, Topiel et tous les diables furent soudain en proie à un profond sommeil. Zla tenta désespérément de les faire venir près d'elle, mais ils ne l'entendirent pas.

Comme la cérémonie ne pouvait avoir lieu dans le temple des idoles, on l'avait prévue dans le jardin du palais. Seuls les

parents de Koza et ses dames d'honneur y assistèrent. Joseph passa un anneau d'or au doigt de sa fiancée et prononça lui-même le vœu nuptial. Le lendemain, Joseph et Koza montèrent sur les deux magnifiques étalons que Wilk leur avait offerts et ils entamèrent le long voyage vers la Terre sainte. C'était un cadeau très généreux mais sans comparaison avec la couronne que Joseph avait ciselée pour Wilk.

Wilk et Wilkova eurent beaucoup de mal à se séparer de leur fille unique. Koza aussi souffrait de quitter ses parents. Mais il en a toujours été ainsi, une femme doit suivre son mari, surtout s'il lui a sauvé la vie. Une grande foule les accompagna jusqu'aux frontières de la Mazovie. On jouait de la trompette, du tambour, on agitait des cloches. Le soir, on allumait des torches.

En ce temps-là, quand on quittait son pays, il n'y avait aucun moyen de donner de ses nouvelles. Plus personne n'entendait plus parler du voyageur. Mais, tout de même, les Mazoviens finirent par apprendre que Joseph et Koza vivaient heureux à Jérusalem. La réputation d'orfèvre de Joseph s'étendait au loin. Koza lui donna des fils et des filles qui furent élevés dans la foi en un Dieu unique.

En Mazovie, les sacrifices humains furent désormais interdits. Et plus tard, quand la Mazovie et les régions environnantes furent réunies en un seul pays nommé Pologne, les Polonais devinrent chrétiens. Les sacrifices n'étaient plus autorisés sur tout le territoire.

Zla était morte depuis longtemps. Et on n'entendit plus parler de Baba Yaga, de Topiel et de leur troupe maudite que dans les contes que les grands-mères racontaient à leurs petits-enfants quand elles battaient le beurre ou filaient le lin. Mais au cours des siècles, ce fut la coutume, le premier jour de l'été, que les jeunes filles se rassemblent sur les rives de la Vistule. Elles jetaient dans le fleuve un mannequin de paille en souvenir des vierges sacrifiées à Topiel. Et tandis que la fille de paille tourbillonnait avec le courant et filait vers la mer, elles chantaient, dansaient et célébraient l'histoire de Joseph qui avait sauvé la belle Koza.

Topiel et Tekla

1

Le village de Wislowka était situé au bord de la Vistule. Il avait appartenu au comte Warlicki, qui s'était suicidé en apprenant que le tzar allait affranchir les serfs. En réalité, Wislowka n'avait jamais été d'aucun rapport. C'était pure folie que d'avoir installé des paysans sur ce coin de terre sableuse. Même les meilleures années, les récoltes étaient toujours maigres. Les paysans devenaient tous pêcheurs. Comme il n'y avait dans la région aucun vrai constructeur de bateaux, les hommes de Wislowka s'embarquaient sur des radeaux de planches à moitié pourries. Si bien que Topiel, l'esprit de la rivière, était sûr d'avoir tous les ans ses victimes. Outre les pêcheurs qui mouraient pendant les tempêtes, il y avait aussi les hommes et les femmes qui se noyaient parce qu'ils n'en pouvaient plus d'avoir faim, d'être malades ou d'aimer sans être aimés. À Wiskowka, on appela cela « aller à la Vistule ». Les paysans avaient une formule à eux : « Topiel a encore réclamé une victime. »

Mais voilà que personne ne s'était noyé depuis deux ans, ce que tout le monde considérait comme de mauvais augure, car cela voulait dire que Topiel allait se fâcher de n'avoir pas reçu le sacrifice qui lui était dû. Au cours de la troisième année, il y eut une famine comme personne n'en avait jamais connu auparavant. Les semis d'hiver avaient gelé, ceux de l'été s'étaient desséchés dans la terre. Pas une goutte de pluie ne tomba de tout l'été et pendant le mois de Sierpien (le mois d'août), les hommes tinrent conseil dans une taverne et après de longs débats, il fut décidé qu'un enfant devrait être sacrifié à Topiel. On n'en informa pas les femmes, qui avaient le cœur tendre, ainsi qu'une solide habitude de ne jamais garder un secret. Or les Russes, qui occupaient alors la Pologne, avaient interdit ce genre de sacrifice.

Il y avait à Wislowka un paysan nommé Maciek Kowadlo dont la fille, Tekla, âgée de seize ans, était enceinte d'un enfant dont le père, un vagabond, s'était enfui et n'avait plus jamais donné de nouvelles. Maciek et sa femme, Zocha, avaient six filles, le pain manquait à la maison, et Maciek accepta d'offrir son premier petit-fils en sacrifice à Topiel. En échange de quoi, le village se cotiserait pour lui confier un jeune porc à élever jusqu'à Noël. Les paysans lui donneraient tous assez d'épluchures de pommes de terre et de navets, ainsi que des feuilles de chou, pour bien l'engraisser. La veille de Noël, Maciek égorgerait son porc qui lui fournirait assez de jambon et de lard pour une année entière. L'enfant serait livré à Topiel dès sa naissance qui, d'après les calculs de Maciek et de Zocha, devrait se produire pendant le mois de Listopad (novembre) ou au plus tard au début de Styczen (janvier).

Les paysans se trompaient en croyant garder toute l'affaire secrète. Tout le village fut bientôt au courant de leur décision, y compris le magistrat. Quand Tekla apprit ce qu'on allait exiger d'elle, sa bouche se contracta comme si elle allait pleurer, mais elle ne versa pas une larme. Toutes ses larmes s'étaient depuis longtemps desséchées en elle. Maciek avait bien prévenu sa fille de se tenir à l'écart de ce vagabond qui s'appelait Stefan. Mais Tekla avait eu pitié de lui. Il parlait comme un homme de la ville et racontait qu'il étudiait pour devenir prêtre. Il lui avait promis qu'il la prendrait chez lui pour tenir son intérieur et lui avait offert en cadeau une boîte d'allumettes, chose rare au village où on allumait le feu en frottant deux bâtons l'un contre l'autre.

Tekla était petite pour son âge. Elle avait les yeux bleu clair, très écartés, les pommettes hautes, le nez en l'air, le front bombé, les cheveux couleur de lin et des quantités de taches de rousseur. Comme elle avait grandi pendant des années où sévissait la famine, elle était très menue. Ses jeunes sœurs étaient aussi gaies et bavardes que Tekla était silencieuse. Elle aimait écouter les histoires que racontaient les vieilles femmes en filant le lin et où il était question de démons, d'esprits du mal, de loups-garous, de sorciers, de sorcières et de bêtes sauvages. Pour des raisons qu'elle ne s'expliquait pas elle-même, elle prévoyait qu'elle mourrait jeune. Elle alla même le confesser au prêtre, Pawel Domb, qui lui dit : « Tout est entre les mains de Dieu. »

Les autres membres de la famille ne parlaient jamais de leurs rêves. Mais Tekla se rappelait toujours les siens et tentait de leur trouver un sens. L'un d'eux revenait souvent : elle était malade, on lui posait des ventouses, ainsi que des sangsues et le fossoyeur venait prendre ses mesures pour le cercueil. Des années auparavant, Maciek avait eu une chèvre, que Tekla conduisait au pâturage. Là, elle se laissait aller à ses rêveries : des Tziganes l'enlevaient pour la vendre à des cannibales qui la faisaient cuire dans un grand chaudron et la mangeaient comme une oie. Elle se perdait dans la forêt et était élevée par une louve qui lui apprenait le langage des loups. Un voleur avec un œil unique au milieu du front l'emportait dans un sac et la forçait à enfanter un monstre. Les paysannes de Wislowka disaient que Stefan avait peut-être été un diable déguisé. Avant même que Tekla n'eût appris qu'elle devrait sacrifier son bébé à Topiel, une vieille diseuse de bonne aventure l'avait prévenue qu'elle risquait de mettre au monde un enfant avec des cornes et des crocs et qu'il serait dangereux de donner le sein à une telle créature, qui pourrait lui arracher le bout d'un coup de dent.

Le porc était encore tout petit quand Maciek l'apporta à la maison mais il engraissa de jour en jour. Les femmes du village lui donnaient sans cesse des restes et des ordures. Il n'avait pas de nom, on disait simplement *Wieprz*, qui signifie porc en polonais. Wieprz était capable de manger sans s'arrêter du matin au soir. Il adorait se vautrer dans la boue en poussant des petits grognements de plaisir. Ses petits yeux brillaient d'une joie enfantine. Il est heureux, se disait Tekla, il ne sait pas ce qui l'attend.

De jour en jour, elle perdait tout courage. Elle s'était laissée séduire par un vagabond et son père avait vendu son bébé en échange d'un porc. Elle devenait encore plus silencieuse que d'habitude. Elle n'éprouvait plus aucune affection pour son père, sa mère ou ses sœurs. Elle se comparait au porc que le village avait choisi de sacrifier. Elle cessa d'aller à l'église le dimanche et personne ne lui demanda pourquoi. Le soir, ses sœurs bavardaient, riaient, se tressaient les cheveux, mais Tekla, assise dans un coin, ne les écoutait pas. On avait dressé un lit pour elle sur un banc, mais comme elle ne supportait plus l'atmosphère de la maison, elle allait dormir dans le foin, au grenier. Son ventre s'arrondissait de jour en jour. Le bébé bougeait en elle. La nuit, le vent hurlait et gémissait comme une meute de loups.

2

Comme le temps passait vite ! Il semblait à Tekla que l'automne, c'était encore hier, quand des fils de la vierge flottaient dans l'air. Et voilà qu'arrivaient les pluies et le froid. La

Vistule déborda et menaça d'inonder le village. Comme Maciek n'avait pas de porcherie, il installa Wieprz dans la maison. Il grossissait tant que ses petites pattes avaient du mal à le porter et il était plus souvent couché que debout. Par moments, ses yeux – couleur de noisette – reflétaient une sorte de tristesse porcine. « Sait-il que sa fin est proche ? » se demandait Tekla. De nature, elle avait tendance à beaucoup réfléchir : à quelle hauteur est le ciel ? Quelle est la profondeur de la terre ? Pourquoi les gens vivent-ils et meurent-ils ? Que sont les rêves ? Pourquoi y a-t-il des bébés garçons et des bébés filles ? Et pourquoi les jours sont-ils si mornes à Wislowka ?

À la maison, tout le monde prétendait adorer le porc. Les filles l'embrassaient, jouaient avec lui, et pourtant il allait bientôt être égorgé. Maciek avait déjà aiguisé sa hache et Zocha avait préparé la bassine où tremperait sa peau quand on l'aurait écorché. Elle parlait même des côtelettes qu'elle ferait griller pendant les vacances. Les voisines suggérèrent à Zocha de leur céder du lard au moment de Noël, du lard qu'elles lui paieraient plus tard. « Comment cela est-il possible ? » se demandait Tekla. « Comment Dieu miséricordieux peut-il permettre des choses pareilles ? » Le dimanche, le prêtre, Pawel Domb, disait souvent dans son prêche que Dieu était amour et qu'il avait envoyé son fils unique racheter les péchés du monde. Mais pourquoi fallait-il que son fils fût crucifié ? Tekla aurait voulu poser cette question à quelqu'un – mais à qui ?

Avant les fêtes, il tomba beaucoup de neige, ce qui permit d'espérer que la sécheresse de l'été précédent ne se répéterait pas. La Vistule devint plus menaçante encore. Les autres années, à cette époque, le fleuve était gelé et on pouvait le traverser en traîneau, mais cette fois, les eaux étaient trop tumultueuses pour que la glace se forme. On apprit que des villages entiers avaient été inondés et des ponts arrachés, que des hommes s'étaient noyés. Des témoins avaient vu des tables, des chaises, des planches où l'on découpe les nouilles et des berceaux tourbillonner dans les flots. Tekla savait bien la raison pour laquelle Topiel était furieux. Il écumait de rage parce qu'on lui faisait attendre son sacrifice. Tekla avait une fois entendu les vieilles femmes dire que Topiel vivait dans un palais au fond de la Vistule, un palais digne d'un roi, et qu'il avait beaucoup de femmes et de concubines. Il avait des cornes de cristal, une barbe d'argent et une queue de poisson. L'été, il attirait ses victimes en leur chantant des chansons et les naïades l'aidaient à séduire des jeunes filles et des jeunes gens. L'hiver, il rugissait comme un lion. « Topiel est-il un mangeur d'hommes ? » se demandait Tekla. Mais au moins il ne mangeait pas ses femmes qui chantaient en chœur avec lui.

Une idée bizarre traversa l'esprit de Tekla – peut-être devrait-elle devenir une des épouses de Topiel, ainsi tous deux élèveraient l'enfant. Elle se voyait en train de se jeter dans le fleuve, Topiel la saisirait entre ses bras puissants et l'emporterait jusque dans son château. Il la prendrait sur ses genoux, l'embrasserait, la caresserait et lui dirait qu'elle

était sa bien-aimée Roussalka. Elle s'agenouillerait devant lui, lui baiserait les pieds et il lui promettrait de ne pas dévorer son bébé, qu'il élèverait comme s'il était le sien.

Au fur et à mesure qu'on approchait de Noël, Zocha et les filles gâtaient le porc de plus en plus. Elles lui apportaient sans cesse des bonnes choses à manger et faisaient semblant d'être très fâchées contre Maciek qui se préparait à tuer Wieprz.

Zocha grommelait :

« Oh, les hommes n'ont pas de cœur ! Comment pourras-tu égorger notre joli Wieprz ? Goinfre ! »

Les filles aussi se plaignaient :

« Pourquoi le tuer maintenant ? Laissons-le vivre encore un peu. Il est si jeune ! »

Mais Maciek répliquait :

« Vous mangerez sa chair et vous vous en lécherez les doigts. »

Le matin où il égorgea Wieprz, Tekla ne se leva pas. Il faisait maintenant trop froid pour dormir au grenier et elle couchait sur une paillasse à côté du poêle. Son ventre était dur comme un tambour, son visage jaune et bouffi. À deux mètres, Wieprz ronflait. Maciek, qui d'habitude se déplaçait lentement et parlait à voix assez basse, s'énerva brusquement. Il attacha une corde autour de Wieprz et le tira dans la cour. Wieprz se mit à pousser de terribles cris. Soudain Tekla entendit un hurlement abominable. Il lui sembla que Wieprz gémissait : « À l'assassin, au secours ! Sauvez-moi ! »

Tekla s'enfouit sous sa couverture et se boucha les

oreilles avec ses doigts pour ne plus entendre les cris. Elle était remplie de rage contre son père, sa mère, ses sœurs. « Je ne peux plus vivre dans un monde pareil, sanglotait une voix en elle, j'irai à la Vistule... »

Et soudain elle comprit qu'elle prévoyait cette fin depuis longtemps, peut-être même depuis son enfance.

3

L'ÉGLISE DE WISLOWKA ÉTAIT PETITE mais quand sa cloche sonnait, même les sourds pouvaient l'entendre. Elle appelait les habitants du village à la messe de minuit mais Tekla dit à sa mère qu'elle ne pouvait pas aller jusqu'à la maison de Dieu parce qu'elle avait des crampes. La famille la laissa à la maison. Sur le poêle était posé un gros chaudron rempli de morceaux de Wieprz. Seule une toute petite lampe à huile était allumée. Des ombres dansaient sur les murs et le plafond bas.

« Je dois le faire maintenant, à cet instant même ! » se dit Tekla. Elle avait une robe pour les jours de fête mais elle serait maintenant trop étroite, aussi mit-elle simplement sa robe de tous les jours, une veste en peau de mouton et des souliers en chiffon, avec une semelle en écorce de chêne. C'était une nuit sans lune mais le ciel fourmillait d'étoiles. Tekla s'arrêta un instant devant la maison et regarda. Qu'étaient-elles donc, ces étoiles ? Et pourquoi scintillaient-elles autant ?

De l'église venait le bruit des chants. Tout pauvres qu'ils étaient, les habitants de Wislowka avaient préparé de bons plats et de bons gâteaux pour la fête. On sentait dans l'air des odeurs de viandes rôties et de pâtisseries. Quelques jeunes gens avaient décidé de se déguiser et de mettre masques et fausses barbes. Après quoi, un long bâton à la main, ils iraient de maison en maison en chantant des chants de Noël. Mais Tekla ne voulait pas les entendre. Elle aurait aimé dire au revoir à quelqu'un – mais à qui ? Elle se dirigea vers la Vistule. Le vent lui fouettait le visage et le froid transperçait sa peau de mouton. Elle fut bientôt au bord du fleuve. Il n'était pas complètement gelé, des glaçons flottaient avec le courant. Tekla sentait ses cheveux prêts à s'envoler de son crâne. Elle aurait voulu réciter une dernière prière mais ne se souvenait plus des paroles. Soudain, elle vit Wieprz. « Mais que fait-il ici ? » se demanda-t-elle. Le porc la regardait de ses yeux noisette et levait son groin comme s'il allait parler. « Que se passe-t-il donc ? se dit Tekla, s'est-il enfui de chez nous ? Oh, cela va faire toute une histoire dans le village. »

Elle se pencha pour le caresser et au même instant, elle se rappela qu'il était mort. Aussitôt, Wieprz disparut et l'angoisse de Tekla grandit encore. Il ne restait du corps de Wieprz que des os et de la peau. Pourtant, son esprit vivait encore et était venu dire adieu à Tekla. « Au revoir, petit Wieprz », murmura-t-elle, et une grande vague d'amour l'envahit à l'égard de cette créature torturée qui, au lieu de se venger, manifestait son attachement à la fille de son bourreau.

Il faisait trop froid pour s'attarder à réfléchir. Tekla entra dans les eaux tumultueuses et se jeta la tête la première vers

Topiel, le roi de la Vistule, qui des profondeurs, vint à sa rencontre, la saisit dans ses bras glacés et l'entraîna vers son palais tout scintillant.

4

Maciek jura que sa fille s'était noyée – il avait retrouvé un de ses chaussons en chiffon sur la berge – mais les habitants de Wislowka restèrent persuadés qu'il l'avait cachée quelque part, pour sauver la vie de son petit-fils. Ils firent irruption dans sa cabane et emportèrent tous les morceaux et les tripes de Wieprz. Les femmes s'emparèrent même du chaudron de soupe qui mijotait sur le poêle.

Pour Noël, cette année-là, personne ne chanta les chants traditionnels à Wislowka. Il était clair que Maciek et Zocha avaient menti, et au lieu de s'apaiser, la rage de Topiel ne faisait que croître. Il rugissait dans la tempête et riait d'un rire fou. Il arracha le toit de chaume de plusieurs chaumières et on vit les bottes de paille tournoyer au-dessus du village comme des oiseaux venus d'un autre monde. On l'entendit hurler qu'il y aurait des épidémies de choléra, des incendies, et que Baba Yaga arriverait juchée sur son mortier et son pilon et que d'un seul coup de son grand balai elle ferait disparaître toute lumière du monde.

Les abominables prédictions de Topiel se réalisèrent toutes. En pleine nuit, on entendit des hurlements. Une étincelle s'était échappée du conduit d'une cheminée et un toit de chaume s'était enflammé. En quelques instants, la chaumière tout entière s'embrasa. Les voisins accourus pour contempler le désastre virent au milieu des flammes un effrayant diable et trois diablesses. Avant l'aube, le vent renversa la statue de la mère de Dieu installée devant l'église, signe sans équivoque que Satan régnait sur le village. Les chiens aboyèrent toute la nuit, si fort que certains en tombèrent morts. L'aube se leva, sombre, menaçante. Un épais brouillard tout chargé de fumée et de suie enveloppa Wislowka. Les quelques coqs encore en vie semblaient avoir oublié de chanter.

À partir de là, une catastrophe succéda à une autre. Quelqu'un avait dû prévenir les Russes qu'à Wislowka les paysans avaient sacrifié une femme enceinte et son enfant à Topiel, car dans la matinée, alors que le prêtre Pawel Domb, toussant et soupirant, prêchait que le diable avait choisi le jour de la naissance du Christ pour tromper les fidèles, les Russes arrivèrent et arrêtèrent Maciek et sa femme, plus quelques autres. On enchaîna les prisonniers. Certes, le tzar avait libéré les serfs de Pologne, mais les officiels gardaient une solide rancune à l'égard des anciens esclaves et cherchaient la moindre occasion de les accuser de quelque chose. Après quoi, ils les expédiaient en Sibérie sans autre forme de procès.

L'été suivant, les récoltes furent encore plus maigres dans la région de Wislowka. Les épis étaient presque vides et ceux qui l'étaient moins que les autres furent écrasés par la grêle et le vent. Des hordes de sauterelles s'abattirent sur les champs. Peut-être étaient-ce des démons déguisés, car on les entendit clairement jacasser dans la langue des humains. La famine

était telle que les paysans abandonnèrent leurs masures et s'en furent là où leurs pieds pouvaient encore les porter. Leurs filles devinrent servantes chez les habitants des grandes villes. Les vieillards moururent de faim et de maladie.

On aurait dit que Topiel voulait tout Wislowka pour lui tout seul. Il envoya sur le village des tourbillons de sable qui recouvrirent les maisons dont seules les cheminées restèrent visibles. Les derniers habitants qui y étaient restés juraient que la nuit, les chaumières glissaient toutes seules comme des serpents en direction de la rivière. Des murs se tordaient sur eux-mêmes, au point que, à l'emplacement d'une porte, il y avait soudain une fenêtre. Dans les villages environnants, on racontait que la nuit, Topiel venait danser sur les dunes avec Tekla. Elle était nue sous un châle rebrodé de perles et serrait un enfant dans ses bras et lui avait une barbe frisée scintillante d'écume et une couronne de glace sur la tête.

Le châtelain

CINQ BOUGIES DE HANNUKAH – la fête des Lumières qui dure huit jours – brûlaient dans le chandelier de la maison d'étude des hassidim[1] de Trisk, ainsi que la bougie dite « serviteur », celle à laquelle on allume les autres. Dans le poêle, des pommes de terre rôtissaient sous la braise et leur bonne odeur venait vous chatouiller les narines. Le vieux Berish éternua et les garçons assis autour de lui dirent en même temps : « À vos souhaits. »

1. Hassid (plur. hassidim) signifie « pieux ». Les hassidim accordent à la joie et à la ferveur de la prière une bien plus grande importance qu'à la connaissance de la loi juive.

Le vieux Berish se moucha dans un grand mouchoir et déclara :

« Certains croient que des miracles se produisaient plus souvent autrefois qu'aujourd'hui. Ce n'est pas vrai. La vérité, c'est que les miracles ont toujours été rares. S'il y en avait trop, les gens finiraient par compter dessus. Il n'y aurait plus de libre choix. Les puissances célestes veulent que les hommes fassent des efforts, accomplissent les choses eux-mêmes, ne soient pas paresseux. Mais il existe des cas où seul un miracle peut sauver un homme.

» C'est arrivé ici, à Bilgoray, quand j'étais enfant. Il y a de cela à peu près quatre-vingts ans, ou plus peut-être. Notre village était beaucoup plus petit qu'aujourd'hui. Là où se trouve maintenant la rue de Zamosc, il y avait la forêt. La rue de Lublin n'était qu'un chemin creux. Cet endroit où nous sommes assis ce soir était un pâturage. À Bilgoray vivait alors un homme encore jeune et fortuné qui s'appelait Falik. C'était un grand talmudiste[2]. Il possédait une épicerie et plusieurs petites affaires. Sa femme, Sarah, venait d'une excellente famille de Lublin. Brusquement, la chance tourna pour eux. Était-ce un châtiment d'une quelconque transgression, ou la conséquence d'un décret céleste ? Je ne saurais le dire. D'abord, le magasin brûla. Et dans ce temps-là, il n'existait pas d'assurances. Puis Sarah tomba malade. À Bilgoray, il n'y avait ni médecin ni

2. Le Talmud est une compilation de commentaires sur la loi juive et un des ouvrages les plus importants du judaïsme. Un talmudiste est un savant versé dans l'étude du Talmud.

pharmacie. Les gens ne connaissaient que trois remèdes : les sangsues, les ventouses et la saignée. Si aucun des trois ne réussissait, on ne pouvait rien faire de plus. Sarah mourut. Elle laissait trois orphelins, un garçon qui s'appelait Mannes, et deux filles plus jeunes, Pessele et Etele.

» Peu après la mort de Sarah, Falik tomba très gravement malade à son tour. Il était blême, maigre à faire peur et ne parvenait même plus à se lever. On pouvait penser qu'il ne se remettrait pas. Lippe le guérisseur lui recommanda de prendre du bouillon de poule, de la soupe à l'orge et du lait de chèvre. Mais rien n'y fit. D'abord Falik n'avait plus aucun appétit et ensuite, il n'avait plus d'argent du tout. Aujourd'hui les gens sont égoïstes, ils ne se soucient guère des autres, mais autrefois, on s'entraidait quand on était dans le besoin. Ses voisins firent porter à Falik du pain, de la viande, du beurre, du fromage, mais il refusait d'accepter la charité des autres. Le chef de la communauté vint le voir et proposa de l'aider en secret, de telle sorte que personne n'en saurait rien, mais Falik dit : "*Moi* je le saurais."

» Cela s'est passé le premier soir de Hannukah. Comme toujours à cette période de l'année, il y avait beaucoup de neige et tout était gelé. Chez Falik, les choses en étaient arrivées au point qu'il n'y avait même plus un morceau de pain à la maison. En des temps meilleurs, Falik avait possédé de beaux objets en argent, des chandeliers, une boîte à épices, un plat pour la Pâque, mais Mannes, son fils, les avait tous vendus. Il ne restait qu'une seule pièce de valeur, un chandelier de Hannukah très ancien, œuvre d'un orfèvre de grand

talent. Dans la petite ville vivait un usurier qui payait une misère pour les plus beaux objets. Mannes aurait voulu lui vendre le chandelier mais Falik lui dit : "Attendons que la fête de Hannukah soit passée." Avec les quelques pièces qu'il avait encore, Mannes alla acheter non pas du pain, mais de l'huile et des mèches. Ses sœurs se plaignirent qu'elles avaient faim et il leur répondit : "Vous n'avez qu'à vous imaginer que c'est Yom Kippour, le Jour du Pardon, et qu'il faut jeûner." Je le sais parce que c'est Mannes lui-même qui me l'a raconté.

» Comme Falik n'avait même plus la force de quitter son lit, Mannes lui apporta la lampe, ce premier soir, pour qu'il récite les bénédictions et allume la première mèche. Il bénit ses enfants. Puis Mannes emporta le chandelier dans le salon et le posa sur le rebord de la fenêtre, comme le veut la Loi. Les enfants, affamés, s'installèrent à table, mais il n'y avait rien à manger et il faisait froid, dans la maison. Un an plus tôt, Falik leur avait donné de l'argent, tous avaient joué au dreidel, la toupie à quatre faces, et Sarah avait préparé des galettes de pommes de terre. Mais ce soir-là, tout baignait dans la tristesse. Les enfants se regardaient en silence et dans leurs yeux se lisait la question : "D'où le secours me viendra-t-il ?"

» Soudain, on frappa à la porte. "Qui cela peut-il être ? se demanda Mannes. Probablement quelqu'un qui nous apporte un cadeau." Son père lui avait bien recommandé de ne jamais accepter de dons de personne. Mannes décida donc de ne pas aller ouvrir, pour éviter d'avoir à discuter avec des gens sûrement pleins de bonne volonté. Mais on frappait toujours. Au bout d'un moment, Mannes se leva, prêt à dire : "Mon père m'a demandé de ne rien prendre." Mais sur le seuil, il vit un seigneur polonais, un châtelain, grand, large d'épaules, vêtu d'un long manteau de fourrure qui lui descendait aux chevilles et coiffé d'un bonnet tout saupoudré de neige. Mannes eut si peur qu'il en perdit l'usage de la parole. Cela n'arrivait pratiquement jamais qu'un châtelain pénétrât dans une demeure juive, surtout le soir. De mon temps, quand le seigneur du coin venait au village, c'était dans une voiture tirée par huit chevaux et ses domestiques galopaient devant pour que la voie soit toujours libre. Souvent ils soufflaient dans des trompettes pour annoncer à tout le monde qu'un important personnage allait passer. Bilgoray appartenait encore au comte Zamojski qui était aussi riche et puissant qu'un roi. Le châtelain dit à Mannes : "Je passais en traîneau et j'ai aperçu cette petite lumière dans un chandelier comme je n'en avais jamais vu auparavant, tout orné de fleurs, avec un lion, un cerf, un léopard, un aigle, si admirablement ciselés. Pourquoi n'avez-vous allumé qu'une mèche, alors qu'on peut en mettre huit ? Est-ce pour une fête juive ? Où sont vos parents ?"

» Mannes savait le polonais. Il savait aussi comment on doit parler à un personnage important. Il dit :

"Entrez, Votre Excellence. C'est pour nous un grand honneur."

» Le châtelain entra dans la grande pièce et contempla un long moment le chandelier de Hannukah. Il questionna

ensuite Mannes et le jeune homme lui raconta l'histoire de Hannukah, comment les Juifs avaient combattu les Grecs autrefois, en Terre d'Israël. Il lui parla aussi de l'histoire de l'huile, comment il n'en était resté, après la guerre, que pour allumer pendant un seul jour le chandelier du temple. Mais un miracle s'était produit, et l'huile avait duré huit jours. Puis le châtelain vit le dreidel posé sur la table et il demanda : "Qu'est-ce que c'est ?"

» Bien qu'il ne leur restât plus une seule piécette pour jouer, les enfants avaient sorti leur dreidel, juste en souvenir des années passées. Mannes dit que Hannukah est la seule fête à l'occasion de laquelle les enfants sont autorisés à jouer à un jeu d'argent. Et il en expliqua les règles. Le châtelain demanda : "Puis-je jouer avec vous ? Mon cocher m'attendra dans le traîneau. Les chevaux ont des couvertures et lui a sa veste en fourrure.

– Votre Excellence, dit Mannes, mon père est malade. Nous n'avons plus de mère, et il n'y a pas un sou dans la maison."

» Le châtelain répondit :

"J'ai l'intention de vous offrir mille guldens pour cette magnifique lampe, mais je n'ai pas toute la somme sur moi. Aussi je vais vous donner tout de suite cinq cents guldens, à titre d'avance, et avec cela, vous pourrez jouer."

» Après quoi, il tira d'une de ses poches un gros sac rempli de pièces d'or et le jeta sur la table. Les enfants étaient tellement stupéfaits qu'ils en oublièrent à quel point ils avaient faim. La partie commença et même le plus endurci des incroyants aurait vu que toute l'histoire était un miracle du ciel. Les enfants n'arrêtaient pas de gagner et le châtelain n'arrêtait pas de perdre. Au bout d'une heure, il ne lui restait plus une seule pièce d'or pour lui. Alors il s'écria: "Eh bien, j'ai tout perdu. Mon cocher et mes chevaux doivent avoir froid. Bonsoir, bon Hannukah et ne vous inquiétez plus pour votre père. Avec l'aide de Dieu, il sera bientôt guéri."

» C'est seulement après son départ que les enfants réalisèrent ce qui venait de se passer. Non seulement ils avaient reçu une avance de cinq cents guldens pour le chandelier de Hannukah, mais en plus, il y avait tout l'or que le châtelain avait perdu au jeu. La moitié de la table était couverte de pièces d'or. Les filles, Pessele et Etele, éclatèrent en sanglots. Mannes se précipita dehors pour voir si le châtelain, le traîneau, les chevaux et le cocher étaient toujours là, mais ils avaient disparu sans laisser la moindre trace sur la neige. D'habitude, les chevaux de traîneau ont des clochettes au cou qu'on entend de loin, mais cette nuit-là, tout était silencieux. Bon, je vais abréger. À l'instant où le châtelain sortit de chez lui, Falik ouvrit les yeux. Quand il s'était assoupi, il était aux portes de la mort et voilà qu'il se réveillait entièrement guéri. Seul un miracle aurait pu le sauver et ce miracle s'était produit. »

« Qui était ce châtelain ? le prophète Élie ? demandèrent les garçons.

– Qui sait ? En tout cas, ce n'était certainement pas un seigneur polonais.

– Est-il revenu chercher le chandelier ?

– Non, pas tant que j'ai vécu à Bilgoray, répondit le vieil homme.

– S'il avait été le prophète Élie, il aurait tenu sa promesse et serait revenu le prendre », fit remarquer un des garçons.

Le vieux Berish ne répondit pas immédiatement. Il réfléchissait en tirant sur sa barbe. Puis il dit :

« Au ciel, on a tout son temps. Il aurait pu revenir chez les enfants des enfants de Falik. Moi, je me suis marié et je suis parti vivre dans un autre village. Pour autant que je sache, le chandelier de Hannukah est resté chez Falik et ses enfants aussi longtemps qu'ils ont vécu. Certains rabbins prétendent que lorsque Dieu accomplit un miracle, il fait souvent en sorte que cela apparaisse comme quelque chose de naturel. Il y avait des incroyants à Bilgoray, qui ne se privèrent pas de dire que c'était un vrai châtelain, riche et dépensier, qui avait été cette nuit-là d'humeur à s'amuser. Ceux qui nient l'existence de Dieu essaient toujours de dire que le merveilleux est en réalité normal, ou le fruit d'une coïncidence. Oh, j'ai peur que les pommes de terre ne soient déjà en train de brûler », ajouta-t-il.

Et le vieux Reb Berish ouvrit la porte du poêle et de ses doigts nus tira prestement d'entre les braises rougeoyantes les pommes de terre à demi calcinées.

Hershele et Hannukah

TROIS BOUGIES ÉTAIENT ALLUMÉES dans le chandelier du vieux Reb Berish. Tout était si calme dans la maison d'étude qu'on entendait le grésillement de la mèche dans la lampe à pétrole suspendue au plafond. Reb Berish dit : « Mes enfants, quand on vit aussi longtemps que moi, on a vu bien des choses et on a bien des histoires à raconter. Écoutez donc maintenant ce qui s'est passé autrefois dans le village de Gorshkow.

» C'est encore un tout petit village aujourd'hui. Mais quand j'étais enfant, il ne se composait guère que de la place du marché. Les gens plaisantaient : "Quand un paysan vient à Gorshkow avec sa charrette, la tête du cheval est à un bout du village et les roues arrière à l'autre." Tout autour, il y avait des champs et des forêts. Un homme du nom d'Isaac Seldes qui vivait là était régisseur d'une immense propriété appartenant à un seigneur polonais. Le seigneur, un comte, dépensait tout son argent à l'étranger et ne revenait en Pologne que lorsqu'il n'en avait plus. Il empruntait alors à Reb Isaac Seldes, moyennant une hypothèque, et peu à peu, toutes ses terres furent à ce dernier. Officiellement, elles étaient toujours au nom du comte, car un Juif n'avait pas le droit d'être propriétaire dans cette partie de la Pologne qui appartenait à la Russie.

» Reb Isaac administrait très bien la propriété. Le comte ordonnait de fouetter les paysans quand ils faisaient mal quelque chose ou simplement si l'humeur lui en venait. Mais Reb Isaac leur parlait comme à des égaux et ils manifestaient une grande loyauté à son égard. Quand il y avait un mariage, ou une naissance, Reb Isaac assistait à la cérémonie. Si un paysan tombait malade, sa femme, Kreindel, retroussait ses manches et venait lui poser des ventouses ou des sangsues. Reb Isaac Seldes avait une britska, une carriole attelée de deux chevaux, et il s'en servait pour circuler à travers tout le domaine et aller conseiller les uns et les autres, quand semer, quoi semer, quels légumes planter. Il avait fait construire une laiterie où l'on battait le beurre et préparait les fromages. Il possédait une grande étable avec beaucoup de vaches, des centaines de poules pondeuses, et aussi des ruches et un moulin à eau.

» Il avait tout, sauf des enfants. Cela lui causait, ainsi qu'à sa femme, un grand chagrin. Les médicaments que les docteurs de Lublin prescrivaient à Kreindel ne faisaient jamais aucun effet.

» Bien qu'ils ne fussent que deux, Reb Isaac et sa femme habitaient une grande maison qui avait appartenu autrefois au grand-père du comte. Mais à quoi bon une grande demeure juste pour un mari et sa femme ? Comme ils avaient des cousins pauvres, les enfants de ces derniers vinrent vivre sur le domaine. Reb Isaac engagea un maître pour enseigner aux garçons la Bible et le Talmud. Kreindel apprenait aux filles à coudre, à tricoter, à broder. Elles représentaient sur la toile, à l'aide de fils de couleurs, par exemple l'histoire d'Abraham, sur le point de sacrifier son fils unique et l'ange qui l'en empêche, ou Jacob qui rencontre Rachel près du puits et fait rouler la pierre pour que ses moutons puissent boire.

» Dans la maison de Reb Isaac, les huit jours de Hannukah étaient toujours très gais. Il bénissait les bougies, puis donnait aux enfants de l'argent et tout le monde jouait avec des dreidels. Kreindel et ses servantes préparaient dans la cuisine les latkès, les galettes de pommes de terre qui étaient servies avec du thé et de la confiture. Souvent, des pauvres se présentaient au domaine, et quiconque arrivait affamé, mal vêtu et sans souliers repartait le ventre plein, chaudement vêtu et bien chaussé.

» Un soir de Hannukah, tandis que les enfants étaient occupés avec leurs dreidels et que Reb Isaac jouait aux échecs avec le maître d'école, qui n'était pas seulement un excellent talmudiste mais aussi un mathématicien et un linguiste, on entendit comme un grattement à la porte. Dehors, une neige épaisse était tombée. Si des visiteurs venaient en hiver, c'était le jour, jamais le soir. Reb Isaac alla ouvrir la porte lui-même et, à son grand étonnement, il vit sur le seuil un faon, qui n'avait pas encore de bois. Normalement, un animal sauvage ne s'approche pas des humains, mais ce faon avait l'air affamé, gelé, épuisé. Peut-être avait-il perdu sa mère. Un instant Reb Isaac le contempla avec stupéfaction. Puis il l'attrapa par le cou et le fit entrer dans la maison. Quand les enfants virent le faon, ils en oublièrent leurs dreidels et leurs cadeaux de Hannukah. Ils étaient tous émerveillés par le charmant animal. Kreindel, quand elle arriva de la cuisine, faillit en laisser tomber le plateau chargé de latkès qu'elle tenait des deux mains. Reb Isaac voulait donner une galette au faon mais Kreindel s'écria : "Ne fais pas ça. Il est trop jeune, il a besoin de lait, pas de galette." Les servantes arrivèrent en courant et l'une d'elles alla chercher un bol de lait. Le faon le but en entier, puis il releva la tête comme pour dire : "J'en veux encore." La jolie petite bête faisait la joie des habitants de la maison. Tous étaient d'accord pour ne pas la relâcher dans les bois peuplés de loups, de renards, de martres et même d'ours. Une servante apporta une botte de foin, on installa une litière pour le faon dans une des pièces et bientôt, il s'endormit.

» Reb Isaac croyait que les enfants allaient vite retourner

à leurs jeux mais ils ne pouvaient penser qu'au faon et il fallut leur jurer qu'on le garderait à l'abri jusqu'après la Pâque.

» Après avoir arraché cette promesse solennelle à Reb Isaac et à Kreindel, ils entamèrent une nouvelle discussion : quel nom allait-on donner au faon ? Presque tout le monde voulait l'appeler *Hershele*, qui veut dire "faon" en yiddish, mais, curieusement, Kreindel déclara : "Vous ne l'appellerez pas comme ça.

– Pourquoi pas ? demandèrent enfants et adultes stupéfaits.

– J'ai mes raisons."

» Quand Kreindel disait non, c'était non. Les enfants n'avaient plus qu'à chercher un autre nom et soudain Kreindel dit : "J'ai trouvé.

– C'est quoi ?" demandèrent les enfants tous ensemble.

» Et Kreindel dit :

"Hannukah."

» Personne n'avait jamais entendu parler d'un animal nommé Hannukah mais cela plut à tout le monde. Après quoi, les enfants s'attablèrent devant leurs latkès, qu'ils accompagnèrent de thé au citron et de confiture. Puis ils recommencèrent à jouer au dreidel et ne s'arrêtèrent qu'à minuit passé.

» Très tard, quand ils allèrent se coucher, Reb Isaac dit à Kreindel :

"Pourquoi ne voulais-tu pas qu'on appelle le faon Hershele ?"

» Et Kreindel répondit :

“C’est un secret.

– Un secret ? demanda Isaac. Mais tu n’as jamais eu de secret pour moi depuis que nous sommes mariés.”

» Et Kreindel dit :

“Cette fois, je ne peux rien te dire.

– Tu me le diras un jour, ce secret ?” demanda Isaac, et Kreindel répondit :

“Il se révélera tout seul.”

» Reb Isaac n’avait jamais entendu sa femme parler par énigmes, mais ce n’était pas dans sa nature d’insister ou de vouloir en savoir davantage.

» Et maintenant, mes chers enfants, dit le vieux Reb Berish, je vais vous dire le secret, avant même que Kreindel ne le dévoile à son mari.

» Quelques semaines plus tôt, un vieil homme était venu au domaine. Il portait un sac sur le dos et une canne à la main. Il avait une barbe blanche et des papillotes blanches. Quand Kreindel lui servit un repas, il sortit un gros livre de son sac et, tout en mangeant, il lisait. Kreindel n’avait jamais vu un mendiant se conduire comme un rabbin ou un érudit. Elle lui demanda :

“Pourquoi portez-vous des livres ? Ils doivent être bien lourds.”

» Et le vieil homme répondit :

“La Torah – la loi juive – n’est jamais lourde.”

» Ces paroles impressionnèrent tant Kreindel qu’elle se mit à parler au vieil homme et lui dit combien elle était malheureuse de ne pas avoir d'enfant. Soudain, elle déclara même :

"Je vois que vous êtes un saint homme. Je vous en prie, priez Dieu pour moi et donnez-moi votre bénédiction. Je vous promets que si votre prière est entendue au ciel, je vous donnerai quand vous reviendrez un sac rempli de pièces d'argent et vous n'aurez plus jamais besoin de mendier.

– Je vous promets que dans un an environ, vous aurez un enfant.

– S'il vous plaît, saint homme, dit Kreindel, donnez-moi un signe, quelque chose qui fasse que je saurai que votre promesse va se réaliser."

» Et le vieil homme dit :

"Un peu avant que ton enfant soit conçu, un animal pénétrera dans ta maison. Quand l'enfant sera né, tu lui donneras le nom de cet animal. N'oublie surtout pas mes paroles."

» Quand le vieil homme se prépara à repartir, Kreindel voulut lui donner des vêtements et des provisions, mais il dit : "Dieu me donnera tout ce dont j'ai besoin. Je ne prépare jamais rien d'avance. D'ailleurs, mon sac est plein de livres sacrés et je n'ai de place pour rien d'autre."

» Il éleva les mains au-dessus de la tête de Kreindel et la bénit. Puis il partit, aussi silencieusement qu'il était venu. Kreindel réfléchit pendant des semaines aux paroles de l'étrange vieil homme. Reb Isaac n'était pas là le jour de sa visite et elle ne lui en parla pas. Elle avait reçu les vœux et les promesses de tant de Tziganes, de diseurs de bonne aventure, de thaumaturges, de guérisseurs, qu'elle ne voulait pas donner à Isaac des espoirs qui ne se réaliseraient peut-être jamais.

» Le soir où le faon entra dans la maison, Kreindel comprit que c'était l'animal annoncé par le mendiant. Comme faon se dit *hershele* en yiddish, elle sut qu'elle donnerait naissance à un garçon qui s'appellerait ainsi. Elle avait répondu à son mari que son secret se révélerait tout seul et ce fut vrai. Elle devint enceinte et Reb Isaac comprit que la visite du faon était un présage de l'événement tant attendu. Il dit : "Quand notre enfant naîtra, si c'est un garçon, nous l'appellerons Hershele."

» Et Kreindel répondit :

"Si tu le désires, mon bien-aimé, ainsi ferons-nous."

» L'hiver passa, le printemps vint. Hannukah avait bien grandi et ses bois commençaient à pousser. On voyait qu'il n'était plus heureux dans la maison. Dans ses beaux yeux se lisait son désir de retourner dans la forêt. Un matin, Kreindel lui donna un bon repas de foin, de pommes de terre et de carottes, puis elle ouvrit la barrière vers les champs et les bois. Hannukah adressa à sa maîtresse un regard qui voulait dire "merci", puis il s'élança vers la prairie.

» Kreindel prédit que l'hiver suivant, Hannukah reviendrait, mais Reb Isaac dit qu'on ne pouvait jamais annoncer ce genre de choses. "Hannukah est grand maintenant et un cerf adulte est capable de trouver sa nourriture tout seul, même en hiver."

» Peu après, Kreindel mit au monde un beau petit garçon aux cheveux noirs et aux yeux bruns et ce fut la joie à la maison. Les heureux parents préparèrent un repas de fête pour les pauvres, le jour de la circoncision. Ils espéraient tous les deux que le vieux mendiant en serait informé, d'une manière ou d'une autre, et qu'il viendrait. Mais il ne vint pas. Toutefois, des environs arriva une foule de déshérités qui avaient, eux, entendu parler du banquet. Dehors, sur la pelouse, une grande table avait été dressée, chargée de pain blanc, de carpe farcie, de poulet, de fruits, de bouteilles de vin et de gâteaux au miel. Certains des invités, parmi les plus jeunes, dansèrent la danse des ciseaux, la danse du matin, la danse de la colère, la *kazatske*. Au moment de se séparer, tous reçurent de l'argent, des provisions et des vêtements neufs.

» L'été passa et le temps fraîchit. Après Souccoth, la fête des Cabanes, il plut beaucoup, puis il neigea et il se mit à geler. La fête de Hannukah approchait. Tout le monde se demandait ce qui était arrivé au petit faon, surtout par ce froid, mais personne n'en parlait pour ne pas inquiéter Kreindel. Cet hiver-là s'annonçait encore plus rigoureux que le précédent. Tout le domaine était enfoui sous la neige. Le premier soir de Hannukah, Kreindel et les servantes s'affairaient dans la cuisine à préparer les latkès. Reb Isaac avait béni la première bougie et donné de l'argent aux enfants, puis tous s'installèrent pour jouer avec leurs dreidels. Le bébé Hershele dormait dans son berceau. On lui avait préparé un cadeau très spécial, un faon en sucre, avec "Hannukah" écrit dessus.

Il s'était mis à le lécher dès qu'on le lui avait donné. Mais ce soir-là, le faon ne vint pas. Reb Isaac réconforta Kreindel et lui cita la Guemarah, une des parties du Talmud : "Les miracles ne se produisent pas tous les jours."

» Kreindel secoua la tête : "J'espère tellement que Hannukah ne souffre ni de la faim ni du froid."

» Le second soir, tandis que les enfants jouaient à nouveau au dreidel, que Reb Isaac se préparait à mettre échec et mat le maître d'école et que Kreindel débarrassait la table, aidée par les servantes, on entendit gratter derrière la porte. Kreindel courut ouvrir et poussa un cri de joie. C'était Hannukah, presque un adulte déjà, le corps tout blanc de givre. Il n'avait pas oublié ses bienfaiteurs. Il était revenu passer l'hiver chez eux. Hershele fut éveillé par le bruit et quand on l'approcha de l'animal, il lui tendit sa petite main. Hannukah lui donna un bon coup de langue, comme s'il savait que quelque chose de spécial existait entre eux.

» Après quoi, le jeune cerf revint tous les ans au domaine, à peu près à l'époque de Hannukah. Il était grand, avec des bois superbes. Hershele grandissait, lui aussi. Le troisième hiver, le cerf vint accompagné d'une biche. Il avait dû se battre avec un autre mâle à cause d'elle car un de ses andouillers était cassé. Les enfants discutèrent ardemment du nom à donner à la femme de Hannukah. Cette fois, c'est le maître d'école qui eut une idée. Il proposa : "Zot Hannukah". C'est ainsi que commence la section de la Bible qui est lue le shabbat de Hannukah. *Zot* veut dire "celle-ci". Le nom plut à tout le monde. »

Reb Berish se tut. Dans la lampe de cuivre, les mèches brûlaient toujours. Les enfants devaient dire plus tard qu'ils avaient eu l'impression que même les petites flammes avaient écouté l'histoire. Un garçon demanda :

« Et le vieux mendiant, est-il revenu ?

– Non, je ne crois pas, mais tu peux être sûr que ce n'était pas un mendiant ordinaire.

– C'était qui ? demanda un autre garçon.

– Le prophète Élie, dit Reb Berish. On sait bien qu'il est l'ange porteur de bonnes nouvelles. Mais il ne vient jamais sous l'aspect d'un ange, car la lumière éblouissante d'un ange aveuglerait les gens. Il vient toujours déguisé en mendiant. Même le Messie, c'est écrit dans le Talmud, viendra sous l'aspect d'un pauvre homme, monté sur un âne. »

Reb Berish ferma les yeux et on n'aurait su dire s'il somnolait ou s'il voyait en imagination la venue du Messie. Il les ouvrit et dit :

« Maintenant, c'est l'heure de rentrer chez vous et de jouer au dreidel.

– Vous nous raconterez une autre histoire demain ? » demanda un des garçons. Et le vieux Reb Berish répondit : « Avec l'aide de Dieu. J'ai vécu bien longtemps et j'ai plus d'histoires à vous raconter qu'il n'y a de cheveux dans vos papillotes. »

Histoire des trois souhaits

FRAMPOL. C'ÉTAIT LE NOM DE LA VILLE. On y trouvait tout ce qu'on doit trouver dans une ville : une synagogue, une maison d'étude, une maison des pauvres, un rabbin et quelques centaines d'habitants. À Frampol, le jour du marché était le jeudi et les paysans arrivaient des hameaux voisins pour vendre des céréales, des pommes de terre, des volailles, des veaux, du miel et pour acheter du sel, du pétrole, des souliers, des bottes, enfin tout ce dont un paysan peut avoir besoin.

À Frampol, il y avait trois enfants qui jouaient souvent ensemble : Shlomah, ou Salomon, sept ans, sa sœur Esther, six ans, et leur ami Moshe, qui avait à peu près le même âge que Shlomah.

Shlomah et Moshe allaient au même heder, l'école primaire juive, et c'est là qu'un jour quelqu'un leur dit qu'à Hoshannah Rabbah, qui est le dernier jour de la fête des Cabanes, tard dans la nuit, le ciel s'ouvre. Ceux qui voient ce phénomène ont une minute pour faire un vœu, un vœu qui sera réalisé quel qu'il soit.

De cela, Shlomah, Moshe et Esther discutaient souvent. Shlomah disait qu'il souhaiterait être aussi riche et aussi sage que le roi Salomon, son homonyme. Le vœu de Moshe était de devenir aussi savant que le célèbre Rabbi Moshe Maimonide. Esther, elle, aurait voulu être aussi belle que la reine Esther. Après en avoir longuement parlé, les enfants décidèrent d'attendre Hoshannah Rabbah, de ne pas dormir de toute la nuit et, au moment où le ciel s'ouvrirait, de dire très vite leurs souhaits.

Normalement, les enfants doivent se coucher de bonne heure, mais ce soir-là, tous trois attendirent jusqu'à ce que leurs parents fussent endormis. Puis chacun se glissa dehors et ils se retrouvèrent dans la cour de la synagogue pour y attendre le miracle.

Quelle aventure ! Il faisait froid et c'était une nuit sans lune. Les enfants savaient que la nuit, les démons rôdent, prêts à attaquer ceux qui s'aventurent hors de chez eux. Ils avaient aussi entendu parler des cadavres qui après minuit vont prier à la synagogue et parfois même appellent le passant attardé à lire avec eux un verset de la Loi – effrayante perspective. Mais Shlomah et Moshe avaient mis leurs franges rituelles et Esther portait deux tabliers, l'un devant et l'autre derrière, afin d'écarter les puissances du mal. Malgré tout, les enfants avaient peur. Une chouette hulula. Esther noua encore plus serré le foulard qu'elle avait sur les cheveux car on lui avait raconté que la nuit, les chauves-souris risquent de s'accrocher dans les mèches des petites filles – qui, obligatoirement, mourront ensuite dans l'année.

Une heure passa, puis deux, puis trois et le ciel ne s'ouvrait toujours pas. Les enfants étaient fatigués, ils avaient faim. Soudain, il y eut un éclair et le ciel s'ouvrit. Shlomah, Moshe et Esther virent des séraphins, des chérubins, des chariots de feu et même l'échelle de Jacob, sur laquelle montaient et descendaient des anges, exactement comme il est écrit dans la Bible. C'était arrivé si vite que les enfants en oublièrent leurs souhaits.

Esther parla la première : « J'ai faim. Je souhaite manger une crêpe. »

Aussitôt, une crêpe apparut devant la petite fille.

Quand Shlomah réalisa que sa sœur avait gaspillé son souhait pour quelque chose d'aussi absurde qu'une crêpe, il devint fou de colère et cria :

« Idiote ! Je souhaite que tu deviennes une crêpe toi-même ! »

Et immédiatement, Esther devint une crêpe. De la pâte n'émergeait plus que son visage livide et terrifié.

Depuis aussi longtemps qu'il pouvait s'en souvenir, Moshe avait été amoureux d'Esther. Quand il la vit trans-

formée en crêpe, un terrible désespoir s'empara de lui. Il n'y avait pas de temps à perdre, la minute était presque écoulée. Aussi il s'exclama : « Je souhaite qu'elle redevienne comme avant. »

Esther redevint une petite fille. Et aussitôt après, le ciel se referma.

Quand les enfants comprirent à quel point ils avaient stupidement gâché leurs vœux, ils se mirent à pleurer. La nuit était noire comme de la poix et ils n'arrivaient plus à retrouver leur chemin pour rentrer chez eux. Ils avaient l'impression d'être perdus dans un lieu complètement étranger. À Frampol, il n'y avait pas de montagne mais voilà qu'il leur fallait en escalader une. Ils voulurent redescendre, mais leurs jambes ne leur obéissaient plus et continuaient à grimper. Alors apparut un vieil homme à la barbe blanche. D'une main il tenait un bâton et de l'autre une lanterne allumée. Autour de sa taille était nouée une ceinture blanche. Un vent violent s'était levé, et pourtant la flamme de la lanterne ne vacillait pas.

Le vieil homme demanda :

« Où allez-vous ? Et pourquoi pleurez-vous ? »

Shlomah lui dit la vérité, comment ils ne s'étaient pas couchés de la nuit et comment ils avaient gaspillé leurs souhaits.

Le vieil homme secoua la tête :

« Un bon souhait n'est jamais perdu.

– Ce sont peut-être les démons qui nous ont troublés et nous ont fait oublier nos souhaits, suggéra Moshe.

– Les démons n'ont aucun pouvoir pendant la sainte nuit de Hoshannah Rabbah, dit le vieil homme.

– Alors pourquoi le ciel nous a-t-il joué un tour pareil ? demanda Esther.

– Le ciel ne joue jamais de tours à personne, répondit le vieillard. C'est vous qui avez essayé de lui en jouer. Personne ne peut devenir sage s'il n'a pas d'expérience et personne ne peut devenir savant sans avoir étudié. Quant à toi, ma petite fille, tu es déjà jolie mais la beauté du visage doit toujours aller avec la beauté de l'âme. Une enfant ne peut pas être capable d'autant d'amour et de dévouement qu'une reine qui était prête à sacrifier sa vie pour son peuple. Parce que vous avez trop demandé, tous les trois, vous n'avez rien reçu.

– Alors, que devons-nous faire maintenant ? interrogèrent les enfants.

– Rentrer chez vous et essayer de mériter par vos efforts ce que vous vouliez recevoir sans avoir à en faire.

– Mais qui êtes-vous donc ? » dirent-ils encore, et le vieillard répondit :

« Là-haut, on m'appelle le Veilleur de la Nuit. »

À peine avait-il prononcé ces mots que les enfants se retrouvèrent dans la cour de la synagogue. Ils étaient si fatigués qu'à peine de retour chez eux et la tête sur l'oreiller ils s'endormirent. Ils ne racontèrent à personne ce qui leur était arrivé. Cela resta un secret entre eux trois.

Les années passèrent. Shlomah montra tant de goût pour l'étude, il lut tant de livres d'histoire et d'économie qu'il devint conseiller du roi de Pologne. On l'appelait le « roi sans couronne » ou le « roi Salomon de Pologne ». Il épousa la fille d'un homme éminent et fut célèbre pour sa sagesse et sa charité.

Moshe avait toujours été profondément attiré par les études religieuses. Il connaissait la Bible et le Talmud presque par cœur. Il écrivit de nombreux ouvrages de commentaires et on le surnomma le « Maimonide » de son époque.

Esther, en grandissant, devint aussi belle que savante et vertueuse. De nombreux jeunes gens, issus de familles riches, envoyaient le marieur à ses parents mais Esther n'aimait que Moshe et Moshe n'aimait qu'elle.

Quand le vieux rabbin de Frampol mourut, on nomma Moshe à sa place. Un rabbin doit avoir une femme et Moshe épousa Esther.

Tous les habitants de Frampol assistèrent à la noce. Le frère de la mariée, Shlomah, arriva dans une voiture tirée par six chevaux, précédée et suivie de serviteurs à cheval. On chanta, on dansa et le jeune couple reçut de nombreux présents. Tard dans la soirée, on appela le marié pour qu'il danse avec sa femme, ainsi que tous les invités, la jeune épousée tenant le coin d'un mouchoir et son partenaire un autre coin, comme le veut la coutume. Quand quelqu'un demanda : « Tout le monde a-t-il dansé avec la mariée ? » une voix répondit : « Oui, sauf le Veilleur de la Nuit. » Et à cet instant, un vieil homme surgit, une canne dans une main et une lanterne dans l'autre, une ceinture blanche autour de la taille. La mariée, son frère et le marié le reconnurent tout de suite, mais ils ne dirent rien. Le vieillard posa son gourdin et sa lampe sur un banc, puis il se mit à danser avec Esther, sous le regard stupéfait de l'assistance. Personne ne l'avait jamais vu auparavant. L'orchestre cessa de jouer. Un tel silence se fit qu'on entendait presque les chandelles couler. Puis le vieil homme reprit sa lanterne et la tendit à Moshe en lui disant : « Que cette lumière t'éclaire dans l'étude de la Torah. » Il offrit sa canne à Shlomah avec ces quelques mots : « Que ce bâton te protège de tous tes ennemis. » Et à Esther il tendit sa ceinture blanche en déclarant : « Que ce lien t'attache à jamais à ton peuple. »

Après quoi, il disparut.

Au cours des années qui suivirent, bien souvent les Juifs vinrent demander à Esther d'intercéder pour eux auprès des autorités. Chaque fois, Esther nouait la ceinture blanche autour de sa taille et jamais elle n'échoua dans ses tentatives. Tout le monde l'appelait la « reine Esther ».

Quand le rabbin Moshe éprouvait des difficultés à comprendre tel ou tel point du Talmud, il ouvrait l'Arche sainte où était rangée la lanterne éternellement allumée et tout devenait clair. Quand Shlomah avait des problèmes, il empoignait son bâton et ses ennemis se retrouvaient sans force.

Tous trois vécurent très vieux. Ce n'est que peu avant sa mort que Moshe révéla aux habitants de Frampol ce qui s'était passé cette nuit de Hoshannah Rabbah. Il dit : « De grands miracles et des trésors merveilleux attendent ceux qui sont prêts à faire des efforts. Pour ceux-là, les portes du ciel sont toujours ouvertes. »

Hannukah dans la maison des pauvres

Dehors, tout n'était que neige et gel mais dans la maison des pauvres, il faisait bien chaud. Les plus malades et les paralysés étaient couchés dans leur lit. Les autres s'étaient assis autour d'un grand chandelier de Hannukah où brûlaient huit mèches. Des bonnes âmes du village avaient apporté des latkès saupoudrées de sucre et de cannelle. On parlait des temps anciens, d'hivers exceptionnellement rigoureux, de hordes de loups qui rôdaient dans les rues les nuits les plus glaciales et aussi de rencontres avec des démons, des lutins et des esprits du mal. Parmi les pauvres il y avait un vieil homme qui n'était arrivé là que depuis deux jours. Il était grand, le dos droit, et avait une barbe toute blanche. On ne lui aurait pas donné plus de soixante-dix ans, mais quand le responsable de la maison lui avait demandé son âge, il avait répondu : « À la prochaine Pâque, j'aurai quatre-vingt-douze ans.

– Que le mauvais œil t'épargne, avaient alors dit les autres en chœur.

– Quand on continue à vivre, on devient de plus en plus vieux, pas de plus en plus jeune », répondit le vieillard.

À son accent, on comprenait qu'il ne venait pas de Pologne mais de Russie. Pendant une heure ou deux, il écouta les histoires que racontaient les autres, sans jamais cesser de fixer intensément les lumières de Hannukah. La conversation en vint aux lois alors si dures à l'encontre des Juifs et le vieil homme dit :

« Qu'est-ce que vous, les Polonais, savez de la dureté des lois ? Comparée à la Russie, la Pologne est un vrai paradis.

– Tu viens de Russie ? demanda quelqu'un.

– Oui, de Vitebsk.

– Et pourquoi es-tu ici ? demanda un autre.

– Oh, quand on va au hasard, on finit par passer un peu partout, répondit le vieillard.

– Tu as l'air d'aimer parler par énigmes, dit une vieille femme.

– Ma vie n'a été qu'une longue énigme. »

Le responsable de la maison des pauvres, qui écoutait aussi, dit :

« Je crois comprendre que cet homme a une histoire à nous raconter.

– C'est vrai – si vous avez la patience de l'écouter, dit le vieil homme.

– Ici, nous sommes bien obligés d'être patients, répondit quelqu'un.

– C'est une histoire de Hannukah, dit le vieil homme, mais rapprochez-vous un peu, j'aime parler, pas crier. »

Ils tirèrent tous leur tabouret plus près de lui et le vieillard commença :

« D'abord, je vais vous dire mon nom. C'est Jacob, et mes parents m'appelaient Yankele. Les Russes en ont fait Yasha. Je parle des Russes parce que je suis l'un de ceux qu'on a appelés les enfants capturés. Quand j'étais petit, le tzar Nicolas Ier, un ennemi des Juifs, avait promulgué un décret comme quoi il fallait s'emparer des petits garçons juifs et les élever pour en faire des soldats. Le décret s'appliquait aux Juifs russes, pas aux Juifs polonais. Cela fit un terrible scandale. Les voleurs d'enfants faisaient irruption dans une famille, ou dans un heder, pendant la classe, s'emparaient d'un gamin comme si ç'avait été un animal et l'envoyaient au fin fond de la Russie, quand ce n'était pas la Sibérie. Il n'allait pas à l'armée tout de suite. D'abord, on le confiait à des paysans pour qu'ils l'élèvent et ce n'est que plus tard qu'on en faisait un soldat. Il fallait d'abord qu'il apprenne le russe et oublie qu'il était Juif. Souvent, on le convertissait de force à la religion orthodoxe. Les paysans l'obligeaient à travailler le jour du shabbat et à manger du porc. Beaucoup d'enfants moururent par suite de mauvais traitements ou de chagrin d'avoir été séparés de leurs parents.

» Comme la loi stipulait qu'on ne pouvait pas vous envoyer à l'armée si vous étiez marié, les Juifs mariaient souvent des petits garçons à des petites filles pour leur éviter d'être capturés. Le petit mari continuait à aller à l'école. La petite épouse coiffait le bonnet des matrones, mais elle restait une enfant. On en voyait souvent qui jouaient dans la rue et faisaient des pâtés. Parfois elles ôtaient leur bonnet pour y mettre leurs jouets.

» Ce qui m'arriva à moi fut différent. La petite fille que j'étais sur le point d'épouser était la fille d'un voisin. Son nom était Reizel. Quand nous avions quatre ou cinq ans, nous jouions déjà ensemble. J'étais le mari et elle ma femme. Je faisais semblant d'aller à la synagogue et elle me préparait à dîner, avec des bouts de bois et de la boue. J'aimais Reizel et nous nous promettions toujours que lorsque nous serions grands, nous nous épouserions. Elle avait le teint très clair, les cheveux roux et les yeux bleus. Aussi, quand mes parents m'annoncèrent quelques années plus tard la merveilleuse nouvelle qu'on allait nous marier, je devins fou de joie. La cérémonie aurait pu être célébrée tout de suite mais la mère de Reizel insista pour préparer d'abord un trousseau à la fiancée de huit ans, un trousseau qui ne lui servirait à rien puisqu'elle allait évidemment grandir longtemps encore.

» Trois jours avant le mariage, deux cosaques firent irruption chez nous au beau milieu de la nuit, m'arrachèrent à mon lit et me forcèrent à les suivre. Ma mère s'évanouit. Mon père essaya de me protéger mais ils le frappèrent si fort

qu'il en perdit deux dents. C'était le deuxième soir de Hannukah. Le lendemain, les petits garçons capturés furent conduits à la synagogue pour y faire le serment de servir fidèlement le tzar. La moitié des habitants du village s'était rassemblée autour de la porte. Tout le monde pleurait et dans la foule, j'aperçus Reizel. Du fond de mon désespoir, je réussis à lui crier : "Reizel, je reviendrai te chercher." Et elle me répondit : "Yankele, je t'attendrai."

» Si je voulais vous raconter tout ce que j'ai enduré, il faudrait que j'écrive un livre de mille pages. On m'emmena au cœur de la Russie. Le voyage dura plusieurs semaines. On me conduisit dans un petit village et là, on me confia à un paysan qui s'appelait Ivan. Ivan avait une femme et six enfants et la famille essaya de faire de moi un bon Russe. Ils dormaient tous dans un même grand lit. L'hiver, les cochons venaient dans la maison. Il y avait des cafards partout. Je ne connaissais que quelques mots de russe. On m'avait enlevé mes franges rituelles et coupé mes papillotes. J'étais obligé de manger de la nourriture non casher, c'est-à-dire non conforme aux prescriptions du judaïsme. Les premiers jours, je recrachais la viande de porc, mais combien de temps un petit garçon peut-il rester sans manger ? À des centaines de kilomètres à la ronde, il n'y avait pas un seul Juif. On pouvait forcer mon corps à faire toutes sortes de choses, mais on ne pouvait pas obliger mon âme à oublier la foi de mes ancêtres. Je me rappelais des prières et des bénédictions par cœur et je me les répétais tout bas. Je me parlais souvent à moi-même, quand il n'y avait personne à proximité, pour ne pas oublier le yiddish. L'été, Ivan m'envoyait faire paître les chèvres. Plus tard, je pris soin aussi des vaches et du cheval. Je m'asseyais dans l'herbe et parlais tout haut à mes parents, à ma sœur, Leah, à mon frère, Chaïm, tous les deux plus jeunes que moi, et aussi à Reizel. Bien qu'ils fussent si loin de moi, je m'imaginais qu'ils m'entendaient et me répondaient.

» Puisque j'avais été capturé un soir de Hannukah, je décidai que je célébrerais cette fête même s'il devait m'en coûter la vie. Je n'avais pas de calendrier juif mais je me souvenais que Hannukah tombe toujours à la période de Noël, un peu avant ou un peu après. Je me levais et sortais au milieu de la nuit. Près du grenier à blé, poussait un vieux chêne. La foudre avait creusé un grand trou dans le tronc. Je m'y glissais, allumais un peu de petit bois et récitais les bénédictions. Si le paysan m'avait surpris, il m'aurait battu. Mais il dormait comme une brute.

» Les années passèrent et je devins soldat. Il n'y avait pas de vieux chêne près de nos baraques et on risquait le fouet si on sortait de son lit la nuit et plus encore de la caserne sans permission. Mais certains soirs d'hiver, j'étais de garde près du hangar aux munitions et je trouvais toujours un moment pour allumer une bougie et dire une prière. Une fois, un soldat juif passa par le camp où j'étais et il avait avec lui un petit livre de prières. Ma joie en revoyant les lettres hébraïques familières est impossible à décrire. Je me cachai et lus toutes les prières, celles des jours de la semaine, celles du shabbat, celles des jours de fête. Le soldat avait servi son temps et juste avant de rentrer chez lui, il m'offrit son livre, qui devint et est resté mon plus grand trésor. Je l'ai toujours dans mon sac.

» Vingt-deux années s'étaient écoulées depuis que j'avais été capturé. Les soldats avaient en principe le droit d'envoyer une lettre par mois à leur famille mais comme moi j'écrivais en yiddish, mon courrier ne fut jamais acheminé et je n'en reçus jamais non plus.

» Une nuit d'hiver, alors que c'était mon tour de monter la garde près des entrepôts, j'allumai deux bougies et les plantai dans la neige. Il n'y avait pas de vent. D'après mes calculs, c'était Hannukah. Un soldat qui monte la garde n'a pas le droit de s'asseoir et encore moins de s'endormir. Mais il faisait nuit noire, il n'y avait personne et je m'accroupis sur le seuil du hangar, pour regarder les deux petites flammes brillantes. J'étais fatigué, après une dure journée de service, et mes paupières se fermèrent. Je ne tardai pas à m'assoupir. Je commettais en même temps trois péchés contre le tzar. Soudain, je sentis qu'on me secouait. J'ouvris les yeux et vis mon pire ennemi, un terrible caporal qui s'appelait Kapustin. Il était grand, massif, avec une grosse moustache et un énorme nez rouge d'ivrogne où saillaient des petites veines. D'habitude, il dormait d'un trait jusqu'au matin, mais cette nuit-là, un démon l'avait poussé à sortir. Quand il m'apparut ainsi, à la lueur des bougies de Hannukah, je sus que j'étais perdu. Je risquais la cour martiale et la déportation en Sibérie. Je bondis sur mes pieds, empoignai mon fusil et le frappai sur la tête. Il s'écroula et je me mis à courir. Je courus jusqu'au lever du soleil. Je ne savais pas où mes pieds me portaient. J'étais entré dans une épaisse forêt qui semblait ne pas avoir de fin.

» Pendant trois jours je ne mangeai rien et ne bus que de la neige fondue. Puis je parvins à un village. Pendant toutes ces années, j'avais réussi à économiser à peu près quinze roubles sur les quelques kopeks qu'un soldat reçoit en guise de solde. Je les portais toujours sur moi, dans un petit sac de toile que je glissais sous ma chemise. Je m'achetai une veste ouatinée, un pantalon et une casquette. Mon uniforme de soldat et mon fusil, je les jetai dans une rivière. Après des semaines d'errance à pied, j'arrivai le long d'une voie de chemin de fer. Un train de marchandises chargé de bois y avançait lentement en direction du sud. Il y avait au moins cent wagons. Je grimpai sur l'un d'eux. À l'approche d'une gare, je redescendais vite, pour ne pas être vu par le chef de gare. Puis je remontais. D'après les panneaux de signalisation, je compris que nous roulions vers Saint-Pétersbourg, qui était alors la capitale de la Russie. À certaines gares, le train stationnait plusieurs heures de suite. Aussi j'allais dans le village ou la petite ville et je mendiais un morceau de pain. Les Russes m'avaient volé les meilleures années de ma vie et j'avais le droit de leur demander un peu de nourriture. Et j'arrivai à Pétersbourg.

» Là, je rencontrai des Juifs riches à qui je racontai mes malheurs. Ils me laissèrent me reposer quelques semaines, puis me donnèrent des vêtements chauds et de quoi me payer un billet pour Vitebsk, ma ville natale. Je m'étais laissé

pousser la barbe, pour qu'on ne puisse pas me reconnaître. Malgré tout, rentrer chez moi sous mon vrai nom restait dangereux car je risquais d'être arrêté comme déserteur.

» Le train arriva à Vitebsk à l'aube. L'hiver tirait à sa fin. Une odeur de printemps était déjà dans l'air. Un peu avant Vitebsk, des voyageurs juifs étaient montés dans mon compartiment et d'après leur conversation, je compris que c'était la fête de Purim, la fête des Sorts. Je me souvins qu'à cette occasion, la coutume pour les jeunes gens pauvres était de mettre des masques et de se déguiser en méchant roi Assuérus, en sage Mardochée, en cruel Haman ou son horrible femme, Zeresh. Le soir, ils allaient de maison en maison en chantant des chansons ou en jouant des scènes tirées du livre d'Esther, et on leur donnait quelques groschens. Je restai à proximité de la gare jusqu'à la fin de la matinée puis j'allai en ville m'acheter un masque de Haman, ainsi qu'un chapeau triangulaire en papier rouge et une épée en papier. Je ne voulais pas risquer d'être reconnu ni causer un trop grand choc à mes parents en réapparaissant soudainement. Comme j'étais fatigué, j'allai à la maison des pauvres. Le gardien me demanda d'où je venais et je dis le nom d'une ville éloignée. Les pauvres et les malades avaient reçu ce jour-là de la soupe au poulet et du pain blanc offert par des familles riches. Je mangeai un délicieux repas – j'eus même une part de gâteau – accompagné d'un verre de thé pour faire passer le tout.

» Après le coucher du soleil, je mis le masque du méchant Haman, accrochai l'épée de papier à ma ceinture et pris le chemin de notre maison. J'ouvris la porte et vis mes parents.

La barbe de mon père était devenue blanche avec les années. Le visage de ma mère était tout ridé, comme rétréci. Ni mon frère Chaïm ni ma sœur Leah n'étaient là. Ils avaient dû se marier et aller vivre ailleurs.

» Je me rappelai une petite chanson de mon enfance, celle de Haman derrière son masque et je commençai.

Je suis le cruel Haman, le grand héros,
Et Zeresh la méchante est ma femme,
Sur le cheval du roi je monterai
Et tous les Juifs je les tuerai.

» J'essayai de continuer mais une boule s'était formée dans ma gorge et je ne pouvais plus proférer un son. J'entendis ma mère dire : "Ainsi, voici Haman. Pourquoi n'avez-vous pas amené l'horrible Zeresh avec vous ?" Je fis un effort pour chanter à nouveau et ne pus émettre qu'un bruit rauque. Mon père observa : "Ce n'est certes pas un grand chanteur, mais il aura tout de même ses deux groschens.

– Écoutez, Haman, dit ma mère, ôtez donc votre masque, asseyez-vous et partagez notre repas de Purim."

» Je regardai la table. Deux grosses bougies étaient allumées dans des bougeoirs d'argent, comme quand j'étais petit. Tout me semblait familier, la nappe brodée, la carafe de vin. Dans le froid des hivers russes, j'avais oublié que les oranges existaient. Mais là, sur la table, il y en avait, ainsi que du pain, un plat de carpe farcie aigre-douce, un pain blanc natté et une assiettée de biscuits au pavot. Après un instant d'hésitation, j'enlevai mon masque et pris place à table. Ma mère me regarda et me dit :

“Vous n’êtes pas d’ici. De quelle ville venez-vous ?”

J’en nommai une, très éloignée.

“Et que venez-vous faire à Vitebsk ? demanda mon père.

– Oh, je circule de par le monde, répondis-je.

– Mais vous avez l’air jeune, encore. Quel sens cela a-t-il d’errer ainsi à votre âge ? dit mon père.

– Ne lui pose pas tant de questions, dit ma mère, laisse-le manger en paix. Allez vous laver les mains.”

» Je me versai de l’eau sur les mains, avec le même petit broc de cuivre qu’autrefois et ma mère me tendit une serviette, puis un couteau, pour couper le pain blanc, la *challah*. Le manche du couteau était en nacre, et les mots “saint shabbat” y étaient incrustés en argent. Puis ma mère me servit des petits farcis à la viande. Je demandai à mes parents s’ils avaient des enfants et ma mère parla de mon frère Chaïm et ma sœur Leah. Tous deux étaient partis vivre ailleurs, avec leurs familles respectives. Elle ne mentionna pas mon nom mais je voyais que sa lèvre supérieure s’était mise à trembler. Puis elle éclata en sanglots. Mon père lui fit des reproches :

“Tu pleures encore ? Aujourd’hui, c’est fête.

– Je ne pleurerai plus”, s’excusa ma mère.

» Mon père lui tendit un mouchoir et me dit :

“Nous avions un autre fils et il s’est perdu comme une pierre au fond d’un lac.”

» Au heder, j’avais étudié le livre de la Genèse et l’histoire de Joseph et de ses frères. J’aurais voulu crier à mes parents : “Je suis votre fils”, mais je craignais que le choc ne fût trop violent pour ma mère. Mon père avait l’air épuisé, lui aussi.

Peu à peu, il me raconta ce qui s'était passé, ce soir de Hannukah où les cosaques avaient capturé son fils Yankele. Je demandai : "Et qu'est-il advenu de sa petite fiancée ?" Et mon père répondit : "Des années durant, elle a refusé de se marier, espérant toujours que notre Yankele reviendrait. Finalement ses parents l'ont persuadée de se fiancer à nouveau. Mais à la veille du mariage, elle a attrapé la typhoïde et elle est morte.

– Elle est morte du chagrin d'avoir perdu Yankele, interrompit ma mère. Du jour où les barbares cosaques l'ont pris, elle a commencé à dépérir. Elle est morte en prononçant son nom."

» Ma mère éclata en sanglots à nouveau et mon père dit :

"Allons, c'est assez. D'après la Loi, nous devrions louer Dieu pour nos malheurs autant que pour nos joies."

» Cette nuit-là, je révélai peu à peu à mes parents qui j'étais. Je le dis d'abord à mon père, puis il prépara ma mère à la bonne nouvelle. Après avoir pleuré, nous être embrassés et serrés dans les bras les uns des autres, il fallut parler de mon avenir. Je ne pouvais pas rester là sous ma véritable identité. La police me retrouverait et m'arrêterait. Nous décidâmes donc que je me ferais passer pour un parent éloigné venu d'une autre ville. Mes parents me présenteraient comme leur neveu, un veuf sans enfants, venu vivre chez eux après la mort de sa femme. En un sens, c'était vrai, car j'avais toujours considéré Reizel comme ma femme. Je savais même que je ne pourrais jamais épouser quelqu'un d'autre. Je pris le nom de Leibele, à la place de Yankele.

» Et il en fut ainsi. En apprenant que j'étais veuf, les marieurs vinrent m'assiéger de propositions. Mais je leur dis que j'avais trop aimé ma femme pour lui donner une remplaçante. Mes parents étaient vieux et fragiles, ils avaient besoin de mes soins. Pendant près de six ans, je vécus avec eux. Au bout de quatre ans, mon père mourut. Ma mère vécut encore deux ans, puis elle mourut aussi et fut enterrée près de lui. Mon frère et ma sœur vinrent parfois me rendre visite. Naturellement, ils savaient qui j'étais mais avaient gardé le secret. Ces années-là furent les plus heureuses de ma vie d'adulte. Chaque soir, en allant me coucher dans un lit, à la maison, au lieu d'une paillasse dans une caserne, et chaque jour, en allant prier à la synagogue, je remerciais Dieu de m'avoir sauvé de la main des tyrans.

» Après la mort de mes parents, je n'avais plus de raison de rester à Vitebsk. J'avais pensé un moment apprendre un métier et me fixer quelque part, mais cela n'avait pas de sens de m'installer tout seul. Et j'ai donc commencé à aller de ville en ville, m'arrêtant toujours à la maison des pauvres, où j'aide les malades et les déshérités. Comme je vous l'ai dit, j'ai encore avec moi le livre de prières qu'un soldat m'a donné il y a plus de soixante ans et aussi le chandelier de Hannukah de mes parents. Parfois, quand je suis sur la route et que je me sens particulièrement triste, je me cache dans un bois et j'allume les bougies de Hannukah même si ce n'est pas Hannukah.

» La nuit, dès que je ferme les yeux, Reizel est avec moi. Elle est jeune et porte la robe de mariée en soie blanche que sa mère avait préparée pour elle. Elle verse de l'huile dans une magnifique lampe de Hannukah et j'allume les mèches avec une longue torche. Parfois, le ciel tout entier devient une lampe de Hannukah et les étoiles sont ses bougies. J'ai raconté mes rêves à un rabbin et il m'a dit : "L'amour vient de l'âme et l'âme irradie de la lumière." Je sais que lorsque mon temps sera venu, l'âme de Reizel m'attendra au ciel. Eh bien, il est temps d'aller dormir. Bonne nuit, et bon Hannukah. »

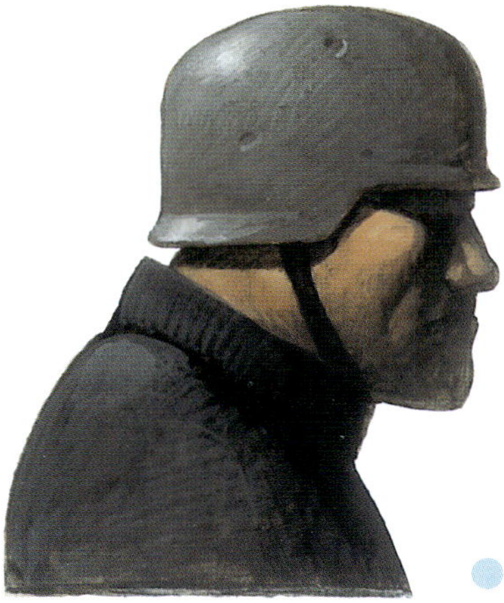

La puissance de la lumière

Pendant la Seconde Guerre mondiale, quand les nazis eurent bombardé et bombardé encore le ghetto de Varsovie, un petit garçon et une petite fille restèrent cachés dans les ruines. David avait quatorze ans et Rebecca treize ans.

C'était l'hiver et dehors, il faisait très froid. Cela faisait des semaines que Rebecca n'avait pas quitté la cave obscure et à moitié écroulée qui leur servait de cachette mais David, lui, sortait tous les deux ou trois jours pour essayer de trouver de quoi manger. Tous les magasins avaient été détruits dans les bombardements mais parfois, il réussissait à déterrer quelques boîtes de conserve, ou un pain complètement rassis. Se frayer un chemin au milieu des ruines n'était pas sans danger. Un pan de mur pouvait s'effondrer brusquement et David risquait en outre de ne plus retrouver son chemin pour revenir à la cave. Mais si lui et Rebecca ne voulaient pas mourir de faim, il fallait bien sortir.

Ce jour-là était le plus froid de tous. Rebecca était assise à même le sol, enveloppée dans tous les vêtements qu'elle possédait et malgré cela, elle ne parvenait pas à se réchauffer. David était parti depuis plusieurs heures et dans le noir, elle guettait le bruit de ses pas, sachant très bien que s'il ne revenait pas, il ne lui resterait plus qu'à mourir.

Soudain, elle entendit un souffle entrecoupé, et le bruit sourd d'un paquet qu'on jette par terre. David était de retour. Rebecca ne put s'empêcher de s'exclamer :

« David !

– Rebecca ! »

Dans le noir, ils s'étreignirent et s'embrassèrent. Puis David dit :

« Rebecca, j'ai trouvé un trésor.

– Quelle sorte de trésor ?

– Du fromage, des pommes de terre, des champignons secs, un paquet de bonbons et j'ai même une surprise pour toi.

– Quelle surprise ?

– Je te le dirai plus tard. »

Ils avaient tous les deux bien trop faim pour parler longtemps. Avidement ils dévorèrent les pommes de terre gelées, les champignons et une partie du fromage. Après, ils sucèrent un bonbon chacun. Puis Rebecca demanda :

« Fait-il jour ou fait-il nuit ?

– Je crois que la nuit est tombée », répondit David. Il avait une montre et parvenait à savoir si on était le jour ou la nuit et aussi à garder le compte des jours de la semaine. Au bout d'un moment, Rebecca demanda :

« Et alors, c'est quoi, ta surprise ?

– Rebecca, ce soir, c'est le premier soir de Hannukah et j'ai trouvé une bougie et quelques allumettes.

– C'est Hannukah ce soir ?

– Oui.

– Oh, mon Dieu !

– Je vais bénir la bougie de Hannukah », dit David.

Il frotta l'allumette et la cave s'éclaira. Rebecca et David purent enfin voir leur cachette – des murs en brique, des tuyaux partout, un sol en terre battue. Puis David alluma la bougie. Rebecca cligna des yeux. Pour la première fois depuis des semaines, elle voyait enfin David. Il avait les cheveux en broussaille et le visage noirci mais ses yeux brillaient de joie. En dépit des privations et de leur terrible misère, David avait beaucoup grandi, on aurait presque dit un homme maintenant. Tout jeunes qu'ils étaient, David et Rebecca étaient décidés à se marier s'ils parvenaient à s'échapper de leur ville ravagée par la guerre. En gage de leur promesse, il avait donné à Rebecca un groschen tout neuf trouvé au fond de sa poche le jour où l'immeuble qu'ils habitaient tous les deux avait été bombardé.

David récita la bénédiction sur la bougie de Hannukah et Rebecca dit « Amen ». Tous deux avaient perdu leur famille et possédaient de bonnes raisons d'en vouloir à Dieu qui les accablait de tant de malheurs, mais la petite flamme de la bougie apporta la paix à leur âme. Cette lueur fragile, au

milieu d'ombres si nombreuses, semblait dire silencieusement : le mal n'a pas encore entièrement triomphé, il reste une étincelle d'espoir.

Depuis quelque temps déjà, David et Rebecca avaient discuté de la possibilité de s'échapper de Varsovie. Mais comment ? Le ghetto était gardé jour et nuit par les nazis. Chaque pas représentait un danger. Rebecca retardait sans cesse le moment de prendre une décision. Ce serait plus facile en été, disait-elle souvent. Mais David savait bien qu'ils n'avaient guère de chances de subsister jusque-là. Dans les forêts, proches de la ville, il y avait des hommes et des femmes, ceux qu'on appelait les partisans, qui combattaient l'envahisseur nazi. David voulait les rejoindre. Et voilà que dans la petite flamme de la bougie de Hannukah, Rebecca puisa un sursaut de courage. Elle dit :

« David, partons.

– Quand ?

– Dès que tu crois que c'est le moment, répondit-elle.

– Le moment, c'est maintenant, dit David. J'ai un plan. »

Il expliqua longuement, très en détail, son plan à Rebecca. C'était extrêmement risqué. Les nazis avaient entouré le ghetto en ruine de barbelés et posté des gardes armés de mitrailleuses sur les toits des maisons environnantes. La nuit, des faisceaux lumineux balayaient toutes les sorties possibles. Mais David avait découvert une entrée dans les égouts. C'était par là qu'il espérait arriver de l'autre côté. Il dit à Rebecca que leurs chances de survie étaient minces. Ils pouvaient se noyer dans les eaux sales ou mourir gelés. En plus, les égouts grouillaient de rats affamés. Mais Rebecca acceptait de courir tous les risques : rester dans la cave, c'était la mort certaine.

Quand la bougie de Hannukah se mit à fumer, juste avant de s'éteindre, David et Rebecca rassemblèrent rapidement leurs maigres possessions. Rebecca prit ce qui restait de nourriture et l'empaqueta soigneusement, David prit les allumettes et un morceau de tuyau en guise d'arme.

En période de grand danger, on devient incroyablement courageux. David et Rebecca se mirent en route au milieu des ruines. Ils avaient parfois devant eux des passages si étroits qu'ils devaient les franchir en rampant. Mais le repas qu'ils avaient mangé et la joie que la bougie de Hannukah leur avait procurée leur donnaient le courage de continuer. Au bout d'un certain temps, David retrouva l'entrée de l'égout. Heureusement, les eaux d'écoulement avaient gelé et les rats semblaient avoir fui à cause du terrible froid. De temps en temps, les enfants s'arrêtaient pour écouter. Puis ils repartaient, lentement, toujours sur leurs gardes. Soudain, ils s'immobilisèrent. Au-dessus de leur tête, ils entendaient passer un trolley. Ils étaient donc sortis du ghetto. Tout ce qu'ils devaient trouver maintenant, c'était une sortie des égouts, pour pouvoir ensuite quitter la ville le plus rapidement possible.

Cette nuit de Hannukah, beaucoup de miracles semblaient se produire à la fois. Parce que les nazis redoutaient l'aviation ennemie, ils avaient ordonné un black-out complet. Et parce que le froid était si mordant, il y avait moins de gardes de la Gestapo dehors. David et Rebecca réussirent à sortir des égouts de la ville sans se faire prendre. À l'aube,

ils atteignirent une forêt où ils purent se reposer un peu et manger.

Les partisans n'étaient pas très loin de Varsovie mais il fallut quand même une semaine à David et Rebecca pour les rejoindre. Ils marchaient la nuit et se cachaient le jour, parfois dans des granges, parfois dans des silos à blé. Il y avait des paysans qui aidaient en cachette les partisans et ceux qui fuyaient les nazis. De temps à autre, on donnait aux enfants un morceau de pain, quelques pommes de terre, une rave, ce qu'il y avait. Dans un village, David et Rebecca rencontrèrent un partisan juif qui était venu chercher des vivres pour son groupe. Il appartenait à la Haganah, une organisation en Terre d'Israël qui envoyait des émissaires en Pologne occupée pour sauver les Juifs qui avaient réussi à échapper aux nazis. Ce jeune homme conduisit David et Rebecca auprès des partisans qui sillonnaient la forêt. C'était le dernier jour de Hannukah et le soir les partisans allumèrent huit bougies. Certains jouèrent au dreidel sur une souche d'arbre, tandis que les autres faisaient le guet.

Dès le moment où les enfants eurent rejoint les partisans, leur histoire ressembla à un véritable conte. Ils rencontrèrent d'autres réfugiés qui n'avaient, comme eux, qu'un seul désir : gagner la Terre d'Israël. Et ils entreprirent le voyage tous ensemble, la plupart du temps à pied. Ils dormirent dans des étables, ou dans des maisons en ruine, partout où ils pouvaient se dissimuler à l'ennemi. Pour atteindre leur destination, ils durent traverser la Tchécoslovaquie, la Hongrie et la Yougoslavie. Quelque part sur la côte de Yougoslavie, au beau milieu de la nuit, un petit bateau avec un équipage de la Haganah les attendait. Les réfugiés, avec leurs maigres bagages, s'y entassèrent. Tout se passait dans le plus grand silence, car les nazis occupaient la Yougoslavie.

Les fugitifs n'étaient pas au bout de leurs peines pour autant. On était déjà au printemps mais la mer était houleuse et le bateau trop fragile pour un si long voyage. Des avions allemands le repérèrent et essayèrent – heureusement sans succès – de le couler en le bombardant. Il fallait redouter aussi les sous-marins allemands qui rôdaient par là. Il n'y avait rien d'autre à faire que prier et cette fois, Dieu sembla entendre car le bateau et ses occupants arrivèrent finalement à bon port.

Les Juifs de la Terre d'Israël les accueillirent avec une chaleur qui leur fit oublier leurs souffrances. Ils étaient les premiers réfugiés qui arrivaient là-bas et on leur offrit toute l'aide possible. Rebecca et David rencontrèrent des parents éloignés qui les reçurent à bras ouverts. Ils étaient très maigres tous les deux mais ils se remirent assez vite. Après un temps de repos, on les envoya dans une école spéciale pour apprendre l'hébreu moderne. Ils s'y montrèrent d'excellents élèves. Ensuite, David réussit à entrer dans une école d'ingénieurs à Haïfa et Rebecca, qui était très douée pour les langues et la littérature, alla étudier à Tel-Aviv. Mais ils se retrouvaient toujours pour le shabbat. Quand Rebecca eut dix-huit ans, ils se marièrent. Ils s'installèrent dans une petite maison avec un jardin à Ramat Gan, un faubourg de Tel-Aviv.

Je connais toute cette histoire parce que Rebecca et David me l'ont racontée eux-mêmes, un soir de Hannukah, dans leur maison de Ramat Gan, environ huit ans plus tard. Les bougies de Hannukah étaient allumées et Rebecca nous servit des latkès avec de la sauce aux pommes. Je jouai au dreidel avec David et leur petit garçon, Menahem Eliezer, qui portait les prénoms de ses deux grands-pères. David me dit que le gros dreidel de bois dont il se servait était celui qu'avaient utilisé les partisans dans la forêt. Rebecca me dit : « Sans cette petite bougie que David a rapportée dans notre cave, ce soir-là, nous ne serions pas tous réunis ici. Cette minuscule flamme a allumé en nous un espoir et une force dont nous ne nous savions pas capables. Nous donnerons ce dreidel à Menahem Eliezer quand il sera assez grand pour comprendre ce que nous avons enduré et le miracle qui nous a sauvés. »

Un perroquet nommé Dreidel

C'EST ARRIVÉ IL Y A ENVIRON DIX ANS à Brooklyn, New York. Toute la journée il avait neigé. Vers le soir, le ciel s'était éclairci et quelques étoiles apparurent. Il se mit à geler ferme. On était au huitième jour de Hannukah et j'avais posé mon chandelier en argent contre la fenêtre, avec toutes les bougies allumées. Leur lumière se reflétait dans la vitre et on aurait dit qu'il y avait une autre lampe dehors.

Ma femme, Esther, faisait cuire les latkès. J'étais assis à ma table de travail, avec mon fils David et nous jouions au dreidel, la toupie de Hannukah. Soudain David s'écria :

« Papa, regarde ! »

Et il me montra la fenêtre du doigt.

Je levai les yeux et vis quelque chose d'incroyable. Dehors, sur le rebord de la fenêtre, un oiseau jaune et vert nous regardait. En un instant, je compris ce qui avait dû se passer. Un perroquet s'était échappé de chez lui, avait volé dans la nuit froide et s'était posé sur ma fenêtre, attiré peut-être par la lueur des bougies.

Un perroquet vient toujours d'un pays chaud et ne peut pas supporter le grand froid très longtemps. Je fis immédiatement ce qu'il fallait pour qu'il ne meure pas. D'abord, je déplaçai le chandelier de Hannukah pour que l'oiseau ne se brûle pas en entrant. Puis j'ouvris la fenêtre et d'un mouvement preste de la main, le fis pénétrer dans la pièce. En tout, cela ne prit que quelques secondes.

Au début, l'oiseau affolé voleta d'un mur à l'autre. Il se heurta au plafond et se posa un moment sur le lustre de cristal. David essayait de le calmer. « N'aie pas peur, petit oiseau, nous sommes tes amis. » Finalement, le perroquet vola en direction de David et se posa sur sa tête, comme s'il était bien dressé et très habitué aux humains. David se mit à danser et à rire de joie. Ma femme, de la cuisine, entendit le bruit que nous faisions et vint voir ce qui se passait. Stupéfaite, elle regarda l'oiseau sur la tête de David et demanda :

« Mais d'où vient-il ?

– Maman, il s'est posé sur notre fenêtre.

– Sur la fenêtre, en plein hiver ?

– Papa lui a sauvé la vie. »

Le perroquet n'avait plus peur de nous. David leva la main et il se posa sur l'un de ses doigts. Esther mit une

soucoupe pleine de graines et une autre pleine d'eau sur la table. Le perroquet mangea et but. Il vit le dreidel et entreprit de le pousser avec son bec. David s'exclama : « Regardez, il joue avec ! »

Il commençait aussi à me dire qu'il fallait acheter tout de suite une cage et donner un nom au perroquet, mais nous lui expliquâmes qu'il n'était pas à nous. Nous devions essayer de retrouver ses propriétaires qui sûrement le cherchaient partout et s'inquiétaient de ce qui avait bien pu lui arriver par ce froid glacial. « En attendant, appelons-le Dreidel », dit David.

Cette nuit-là, Dreidel dormit perché sur le cadre d'un tableau et nous réveilla au matin de ses chansons. Dans la lumière rouge du soleil levant qui faisait luire son plumage, il se balançait comme quelqu'un qui prie tout en alternant les paroles, les sifflements et une sorte de gazouillement. Il devait venir d'un foyer où l'on parlait yiddish parce que nous l'entendîmes très distinctement dire : « *Zeldele, geh schlofen* » (Zeldele, va te coucher), et ces simples mots, prononcés par cette minuscule créature, nous emplirent de joie.

Le lendemain, j'allais accrocher une notice dans tous les ascenseurs des immeubles environnants. Il y était dit que nous avions trouvé un perroquet parlant yiddish. Quelques jours passèrent, personne ne se manifesta. Je fis passer une annonce dans le journal pour lequel je travaille, mais une semaine passa encore et personne ne réclama l'oiseau. Dreidel fut alors vraiment à nous. J'achetai une grande cage, avec tous les accessoires et les jouets dont un oiseau peut avoir envie, mais comme Hannukah célèbre une libération, je décidai que la porte resterait toujours ouverte. Dreidel était libre de voler dans la maison autant qu'il le voulait (chez l'oiselier, le marchand nous avait dit que c'était un mâle).

Neuf années passèrent et Dreidel resta avec nous. Nous nous attachions à lui davantage chaque jour. Il apprit des dizaines de mots en yiddish, en anglais et en hébreu. David lui enseigna une chanson de Hannukah et il y avait toujours un dreidel de bois dans sa cage. Quand j'écrivais sur la machine à caractères yiddish, Dreidel venait s'agripper à mon index droit ou à mon index gauche et il faisait des bonds acrobatiques à chaque lettre que je tapais. Esther disait souvent pour plaisanter qu'il m'aidait à écrire et devrait toucher la moitié de mes droits d'auteur.

Notre fils David grandit et alla à l'université. Un soir d'hiver, il fut invité à une soirée de Hannukah. Il nous avait prévenus qu'il rentrerait tard et nous nous étions couchés tôt, Esther et moi. Nous venions tout juste de nous endormir quand le téléphone sonna. C'était David. D'habitude, c'est un garçon calme et posé. Mais là, il était tellement excité que nous arrivions à peine à comprendre ce qu'il disait. Il s'avéra qu'il avait raconté à des copains l'histoire de notre perroquet et qu'une fille s'était exclamée : « Mais cette Zeldele, c'est moi ! Nous avons perdu notre perroquet il y a juste neuf ans ! » Zelda et ses parents vivaient assez près de chez nous mais ils n'avaient pas vu les notices que j'avais mises dans les ascenseurs, ni l'annonce parue dans mon journal. Zelda était étudiante et c'était une amie de David. Elle n'était encore jamais venue chez nous, bien qu'il eût souvent parlé d'elle à sa mère.

Cette nuit-là, personne ne dormit beaucoup. Le lendemain, Zelda et ses parents vinrent rendre visite à leur perroquet. Zelda était belle et intelligente. David l'avait déjà emmenée plusieurs fois au théâtre ou à des expositions. Non seulement les Rosen reconnurent leur oiseau mais celui-ci sembla aussitôt les reconnaître aussi. Les Rosen l'avaient autrefois nommé Tsip-Tsip et quand il entendit ce nom, il s'excita terriblement et s'envola dans toutes les directions en criant et en battant des ailes. Zelda et sa mère pleuraient de revoir leur oiseau chéri bien vivant. Le père resta d'abord silencieux, puis il dit : « Nous n'avons jamais oublié notre Tsip-Tsip. »

J'étais prêt à rendre le perroquet à ses anciens propriétaires mais Esther et David protestèrent en disant qu'ils ne pourraient jamais se séparer de Dreidel. Ce ne fut d'ailleurs pas nécessaire car David et Zelda décidèrent de se marier tout de suite après la fin de leurs études. Ce qui fait que Dreidel est toujours avec nous, aussi avide d'apprendre de nouveaux mots et de nouveaux jeux. Quand David et Zelda se marieront, ils le prendront chez eux. Zelda dit souvent : « Notre marieur, c'est Dreidel. »

À Hannukah, il a toujours un cadeau – un miroir, une échelle, une baignoire, une balançoire ou une petite cloche. Il s'est même mis à aimer les latkès, ainsi qu'il convient à un perroquet nommé Dreidel.

Table des matières

Du même auteur

Parmi les œuvres
de Isaac Bashevis Singer, citons :

Le Magicien de Lublin, Stock, 1964
Un jour de plaisir, Hachette jeunesse, 1989
L'Esclave, Stock, 1993
Shosha, Stock, 1993
Gimpel le naïf, Denoël, 1993
Au tribunal de mon père, Stock, 1995
Le Spinoza de la rue du Marché, Denoël, 1997
Le Golem, Seuil, 1997
Quand Shlemiel s'en fut à Varsovie et autres contes,
Seuil, 1999

Photogravure Prodima à Bilbao

Achevé d'imprimer

sur les presses de l'imprimerie

Castuera en juillet 2000